兒童哲學

梁瑞祥、傅皓政、蒲世豪
葉榮福、邱武科、徐昀霖　著

五南圖書出版股份有限公司

總序

本書緣起自二〇一一年夏天，與傅皓政教授共同主持，由國科會所補助的兒童哲學讀書會成果，這次的讀書會主要是針對Lipman M.（一九九三）Thinking children and education 選集進行研討，參與的成員不僅包含大學哲學課程與兒童教育課程的授課教師，也有在小學從事第一線兒童教育的校長與教師，還有其他相關領域的專家學者。經過數十次正式與非正式密集的討論與切磋，讓我在這段期間內對李普曼的兒童哲學教育計畫有了較爲深入的理解。

兒童的哲學探討必須包含教育、哲學與兒童三個方面，而這三者的交集就是哲學的理論與實踐。兒童哲學在理論上是與認知教育的目標及方法相結合，提供初階的哲學知識以協助學校教學，並從而由學校實務教學的經驗進行理論反饋。其中最具體的功能就是以積極而持續的探索方式取代那些不成功的教育方式，讓兒童個別能力激發而出，這種方式在幫助兒童面對體制適應問題時，功能尤其明顯。例如：兒童在出現對體制適應不良的問題時，將不再只有傳統和其他兒童相互比較能力好壞的方式。

欲發展出一種有助於兒童理性發展的教育方式，就必須思考兒童之受教權、師長責任、童年經驗與哲學能帶給兒童的驚奇等相關問題，而這全都牽涉到教導者的認知與對其的技術性訓練，例如：在何種學習狀態之下建構出探索團體？哲學如何能在兒童必須接受初級學校教育的情況下學習？（畢竟在既成的體制中，哲學仍未普遍地被視爲一門必須教導的科目）如果不能回答這些問題則，欲倡導兒童應施以蘇格拉底式的教學，鼓勵其自我思考之用心如何可能？

因此如果能讓有意從事兒童哲學教育者接受系統訓練，學習眞正有哲學基礎的教導方式，並積極與現有體制結合，讓兒童在接受初級教育時就能普遍接受哲學教導，將是持續推動兒童哲學教育的重要基礎。

我認爲要達成此工作，具體的方向有三：第一、哲學基礎理論不可缺乏（其中至少包括有作爲兒童哲學基礎的形上學、知識論、倫理學與美學），以避免缺乏哲學訓練的教導者對兒童及家長造成誤導。第二、兒童哲學之重要工具的基本邏輯學訓練。第三、教導者對探索團體的形成與建立之理論須清楚掌握，並在實務上形成探索團體。至於兒童文學與藝術雖然是兒童哲學的重要表現形式，但必須清楚地界定其僅爲眾多協助兒童理性發展有益的教育方式之一二，以免反客爲主，混淆兒童、家長與施教者對兒童哲學的認知。

本書的寫作完全依據這三個方向進行，在此將本書的內容與各個作者之分工略作說明，內容共分爲三個單元：第一單元 闡明兒童哲學的基礎，並說明所應教導兒童學習的哲學理念，在這個單元裡，傅皓政教授提供了關於兒童邏輯與兒童權利問題的豐富資料。第二單元討論如何使用現有之兒童哲學教材與其意義，這個單元由蒲世豪教授所撰寫，蒲教授更承擔了全書的寫作邏輯、遣詞用字與維持風格一致性的艱難工作。第三單元則在說明教導兒童學習哲學的有效方法及探索團體如何應用，這個單元主要由國內知名的兒童哲學專家葉榮福教授撰寫主要的內容。每一單元的陳述都包含了李普曼的主要觀點並進行教育現場省思。本人所擔任的工作是召集、策劃與寫作工作的推動。另外，臺北市桃源國小邱武科校長、名作家泰羅格與桃源國小教務主任徐昀霖則分別從實務經驗、教學案例與思想故事的提供，對本書做出了貢獻。

感謝所有工作夥伴的努力，希望本書能對於兒童哲學之研究、教學及推廣有所貢獻。

梁瑞祥

二〇一一年十二月二十五日　臺灣　臺北

傅序

身旁多了一本好書，就像多了一個好朋友一樣，在俯拾之間讀者都應該可以感受到寫這本書的作者群所投注的熱情，這本《兒童哲學：基礎理論、教學方法之思辨與實證》就是這樣的一本書。

在我的哲學學術生涯中，接觸兒童哲學其實是純屬偶然，透過目前擔任長榮大學哲學與宗教學系系主任梁瑞祥教授的引介，讓我有機會和一些小學教師面對面談論邏輯推理的重要性。在幾次演講的互動中，我慢慢感覺到兒童哲學的重要性其實不下於其他哲學議題的研究，因爲兒童和成人一樣，也希望得到一些合理而不是獨斷的答案，這一年以來與兒童哲學接觸的經驗，對我最大的改變可能就是我也開始反思自己是否太過獨斷，認爲兒童就是不成熟的，其思考是片斷而沒有價值的，在重新觀察我自己的孩子時，讓我驚訝的是研究哲學多年的我，並不比一般人更重視孩子的思考過程，至少沒有保留足夠的時間讓孩子盡情發言。因此，看到這本書即將出版，心中感到非常快活，因爲這本書不但是與研究兒童哲學的學者相關而已，如果讀者再配合坊間一些兒童哲學相關書籍的導讀，老師甚或一般家長就可以開始做一些自我實驗，用這些教材作爲引子，開始和兒童對話，細心地傾聽兒童們的思考，正如書中所言：「我們需要隨時提醒自身，沒有一個簡單的程序，可以讓我們『生產』或複製大量具有良好思考習慣的孩子，因爲孩子不是爲了複製我們的思考而存在的。」

在此提供一個小例子供大家思考：

怡安（六歲）發現她父親朋友的三個小孩霸占著她們家的電視，讓她不能看她想看的節目。「媽媽，」她懊喪地問：「三個人自私，怎麼就比一個人自私好呢？」

在這段對話中，怡安想得到的答案當然不是媽媽叫她閉嘴，她希望通過與媽媽的對話，能夠得到一個讓她安心或者說可以接受的說法。所以透過閱讀這本書，彷彿一直讓自己置身在對話的場景中，不斷反思自己與孩子對話之間是否保持開放態度，仔細傾聽。另一方面又可以做爲一個觀察者，看看這些對話中許多鮮活的人物之間有趣的對話，讓自己彷彿欣賞一齣齣有所共鳴的戲劇一般，十分有趣。

傅皓政

二〇一一年十二月二十八日　臺灣　臺北

邱序

因為對如何在兒童階段中給與哲學教育感到好奇，也覺得應該對兒童教育有顯著的幫助，因此我在桃源國小就因著對兒童哲學的認同，引進了原有不錯口碑的毛毛蟲基金會課程，在二〇〇〇年（九十九學年）低年級的課後照顧裡，也同時安排了為期一年半的師資培訓計畫。這些嘗試有一個最重要的理由，就是想要嘗試進行如何在體制內實施兒童哲學。

在考試領導教學、成績重於一切的體制教育裡，我們培養的是一群拙於思考、無力分析判斷的公民，他們不是唯唯諾諾，就是知識暴走，在民主體制裡結群成黨、排擠異端。可憐的下一代猶深陷在這般泥淖中，難以脫離。解決之道無它，唯有給他們來點不同的——兒童哲學。

如哲學家雅斯培所認為，每一個孩子都是天生的哲學家；李普曼主張只要善加引導，就可以激發出他們進行深度思考的能量，而他在美國的實驗，也獲得了很好的成效。這麼好的理念思維及教育實證，在臺灣的教育體制下，似乎難有伸展的空間，尤其是架構磐固的教學體系，如何讓第一線的老師認同，進而嘗試把哲學教育導入現有的兒童教學課程中，眞是需要持續努力的一項工程呢！

目前執行教育工作的老師也好，家長也罷，大都是前述教育體制下成長的一群，即使認同深度思維是重要的，如何在他們的教學與教養中融入，則是一個不小的挑戰。本書我們試著把兒童哲學的理念與實際，以深入淺出的方式娓娓道來，讓老師、家長很快地就可以進入教導兒童如何思考哲學的天地，領略進行哲學思考的美妙！

學會深度思考的孩子會更懂得生活，也讓他們在學習成長上更得心應手，而臺灣的民主深化有賴這一群會思考、會判斷的下一代。身爲老師、家長的我們能早一點放手，給孩子悠遊海天的空間，讓他們馳騁寬闊思考大地，我們將會看到孩子揮灑出一遍美妙的風景呢！

優質都市森林小學—臺北市桃源國小校長
邱武科
二〇一一年十二月二十九日　臺北　臺灣

目錄

第三單元　探索團體的概念

前　言

兒童哲學的理念

Star world頻道有個節目叫「小小廚神」，是一個廚藝比賽節目，參賽者均為八到十二歲的孩童，限時比賽各種西式料理的製作，從前菜、主菜到甜點，樣樣親身上陣。這些小朋友的作品可不是泡麵或三明治，而是義大利餃、烤全雞、碳烤肋排、披薩、鮭魚排、泡芙、手工布丁、杯子蛋糕、千層捲等複雜的菜色。

第一次看這節目的觀眾，我想都十分新奇，一開始訝異於他們的年紀，緊接著就會注意到他們的專業。他們的專業程度足以令一般人驚奇，不管是刀功、鍋功、烤功還是擺盤，一點都不輸成人主廚，有時孩子們還會分享料理小祕訣。觀眾除了可以看到小朋友的表演之外，多少也可以學到一兩手廚藝。

不知道大家有沒有想過，廚房其實是個危險的場所，刀傷、燙傷想必司空見慣，讓小朋友處在這類危險的工作環境，恐怕有些人就要抗議了。除此之外，廚藝是門壓力大又需細膩心思的功夫，需要同時進行數項工作，火候、時間容許出錯的範圍都很小，稍有差錯就可能毀掉苦心經營的成果，在這些訓練上，孩子展現出的專注力也令人驚嘆。

電視節目中比賽是更嚴苛的環境，對手與限時的壓力、攝影機的燈光、陌生人的圍觀，許多評審甚至還要求小朋友展現出料理上的「創意」，一種要求同時滿足色、香、味、溫度、觸感，甚至口感的「創意」。很少有作品需要同時滿足這麼多感官的條件，如果廚藝是一種藝術，那麼它很可能是最複雜的藝術。

如果跳過電視節目直接問「小孩子能學廚藝嗎？」在這個問題上，恐怕大部分的臺灣大人都要說不，但親見這些孩子的表現，我想許多人會改變想法。事實上這節目開始參加報名的小朋友有五千五百人，從中取二十強繼續比賽，不論各位贊同與否，許多孩子根本已經開始學習廚藝了，許多孩子樂在其中，而且最重要的，許多孩子可能煮得比你我都好吃。

孩子的能力其實常常超乎我們的想像，任何人只要曾經認眞跟孩子比賽過下棋、第二外語（甚至第三以上外語）、組裝機械、組裝電子產品、拼圖、樂器演奏、音樂創作、集郵或物品收藏、體操、心算、軟體設計、猜謎、電腦遊戲或紙上遊戲，甚至還有剛剛談到的廚藝，許多人都可能甘拜下風。我們習慣說「孩子不懂」，但這裡的「不懂」絕對不等於「不會思考」，因爲以上活動絕非不需要思考，需要仔細且專心地編織思維才能達成，小孩子天生就會思考，本來就是思考的高手，所以他們對這些事物可以學得又快又棒。

高手當然並非全無破綻，畢竟人非聖賢，但高手具有迅速學習與調適能力。除了以上各項活動之外，孩子能否學習思維與思考的技巧，學習理性討論與合作思考，甚至學習能對眼前的事物更深入地思考？筆者的答案是「肯定」的，而且是「應該」的。兒童「能夠」學習思考，「應該」學習思考，而且很可能「擁有」值得大人學習的思考。「兒童哲學」基本上就是以這群理念爲核心，在教育上進行的反思。

在臺灣，很多人對「哲學」一詞比「兒童」更陌生，但一說到哲學恐怕又是三天三夜難以談完的主題。大致說來，兒童哲學所關注的哲學是一種對「深度思考」的培養，所謂「深度思考」並非難以理解的抽象概念，簡單說就是盡可能爲我們的想法、意見或觀點尋找全面而完整的理由。我們用以下兩組例子來作解說：

例子一

A.法官只聽了原告的一面之詞就做出判決。

B.法官仔細聽過了原告、被告以及參考各種相關人證物證，並參考他過去斷案的經驗，最後做出的判決。

假設說這兩個判決內容最後是一樣的，比方說都是讓被告關兩年，能說這兩個法官的判決沒有任何意義的差別嗎？

例子二

小明知道第五題選擇題選項2是對的，但不知道其他選項對不對？

小華知道第五題選擇題選項2是對的，也知道其他三個選項是錯的。

最後他們都選擇了2，但能說他們在這個題目上展現的能力沒有差別嗎？

這兩個例子是為了讓我們看到，事實上思考最後展現出來的結果，不管是裁定還是選擇，不過是整個思考活動中的冰山一角。背後這些支撐著我們做決定的「思維」即使不在這一次的決斷中顯示，也會在未來活動中顯示出來。我們平常說出的想法、做出的決定，都是我們理智生活中的部分，也都像是冰山露出水面的一角，而看不見的思維那部分，維持著整座冰山的「深度」，也維持著整座冰山的「穩定度」。

巴斯卡（Pascal，一六二三年～一六六二年）曾說「人是會思想的蘆葦」，在可見的活動背後，有這些不可見的「思想」支撐著，所以即使我們活動的結果，可能透過偶然的方式產生，但意義完全不同。讓我們回到前一段冰山的例子，兒童哲學認爲，培養孩子發展冰山底層部分越早越好，在這個總是要求立竿見影的時代，這個論點推行非常困難。但是隨著只注重海平面以上發展的教育思維，我們看到越來越多看似聰明，卻缺乏深度與穩定性的孩子。深度思考能賦予人完整穩定的思維，甚至有助於穩定情緒，如果不希望孩子輸在起跑點上，也不希望孩子輸在比賽的中段，那麼穩定性的發展絕對是非常重要的。

說了這麼多，筆者的意思絕不是說，孩子的思考是膚淺的、簡單的，所以我們得要好好「教導」他。注意兒童哲學的第三點，當成人從來沒有認眞思考自己所想、所信、所知、所言的觀點其背後的理由時，不管他的資訊與判斷多麼大量與正確，他都是「缺乏深度」的。由於天性的好奇心驅使，孩子的思考有時候反而更具深度，而且更易於培養。兒童哲學把孩子當作思考活動中的「新手」，而不是完全不懂的學徒，就像你在開車時會看到一些車子裡貼著「新手上路」一樣。他們只是缺乏經驗，需要練習，所以我們會準備比較寬闊的場地給新手，而不是一開始就強迫他開蜿蜒的山路。

孩子的「不懂」，很多時候僅僅是「缺乏經驗」。我們也要尊重新手，即使他們開車技術眞的不好，但成熟理性者對別人的尊重是不會隨著對方的特質改變。只有眞正的練習能讓開車的新手上路，也只有眞正的思考能開啓思考之路，我們可以叮嚀新手一些需要注意的事項，分享一些開車的經驗，但千萬不要阻擋了他自己學開車的道路，畢竟，最後是他自己在開。幫別人開車對別人學開車毫無幫助，甚至有害，因爲你減少了他練習的時間。

這也是兒童哲學的重要精神，我們應該培養孩子自己往下挖掘的興趣與能力，這樣他才能在自己生活中眞正地運用，並對他未來無限可能的發展提供幫助。兒童哲學希望培養跟發展的是孩子的「哲學思考」，而不是「哲學知識」，如果不能養成孩子自己深化思維的思考習慣，再多的知識都只是暫時性有用。

所以簡而言之，兒童哲學的目標是培養兒童自發性的、有深度的，而且是有技巧的思考習慣，而不是讓它們變成「哲學家」。即使孩子是天生的哲學家，「哲學家」嚴格來說，根本不是一種職業，他不等於哲學專業工作者，蘇格拉底是邏輯課本最常提到的哲學家例子，但蘇格拉底一點也不像哲學專業工作者：他不寫論文，也不教書。蘇格拉底專注地是一種認眞地思考、開放地討論、理性地生活的氣質與態度，這對大部分的職業或學科，甚至家庭與社會生活，都是有益的。

希望前述篇幅不致消耗完各位的精神，筆者已經盡力用幾乎不帶任何學術字詞的例子與論述來介紹兒童哲學的基本理念，接下來我們需要實地進入兒童哲學豐富的內容之中。本書分爲三個單元九章，第一單元是對兒童哲學的問題、理念、歷史以及各種討論的簡單介紹，希望對兒童哲學有基本認識的人，可以參考一到三章這部分。我們把這部分叫做「理念介紹」的三章。

第二單元是對兒童哲學教材的介紹，我們介紹一些在兒童哲學中具代表性的教材，李普曼教授所編的教材有五本在臺灣已經翻譯成優美的中文，可以供想深入了解或實際進行者參酌使用。我們向各位簡單介紹這些教材，並對其中一些複雜概念做簡短的討論。我們把這部分叫做「課程內容」的三章。

第三單元是對兒童哲學課程進行的方式：「探索團體」進行介紹與討論。探索團體的概念也是培養兒童自主性思考不可缺少的部分，除了理論性介紹之外，我們也列出了一些實際教材作爲範例，希望能更深入淺出地讓各位讀者了解團體思考的意義與重要。我們把這部分叫做「課程形式」的三章。

在研究與寫作的過程中，筆者很清楚，兒童哲學這個主題在「理念介紹」、「課程內容」與「課程形式」三個部分，若要詳述絕對不只每單元各三章。本書僅僅是非常初步的輪廓介紹，針對這三部分都盡量做一點遠觀的描繪。但本書也希望能夠盡量對兒童哲學的「各方面」都做出簡介，至少在簡介的結構上是完整的。

除了盡量在形式上維持完整的介紹之外，每章最後一節包含了我們對臺灣兒童哲學教育現場的觀察與反思，是集結了眾人的經驗，並透過探索團體式的分享，在討論中慢慢凝聚思考，反映出一些值得注意的事項，以及值得繼續發展的議題。也期待這部分能與更多讀者對話。

做為第一單元的下一章，我們進入兒童哲學實際歷史的介紹與討論。

第一單元　兒童哲學的理念

這一單元的主題是對兒童哲學的理念、主題、歷史以及相關哲學理論，爲各位讀者做初步的介紹。第一章我們簡單介紹兒童哲學，包含理念、歷史以及基本的問題。第二章開始討論兩個「童年哲學」延伸的子題：兒童的心智發展以及兒童權利問題，前者是知識的問題，後者是倫理關係的問題。透過這三者的交錯，應該能對「兒童」以及「兒童哲學」有一些基本的認識。

第一章　何謂「兒童哲學」

本章簡單介紹兒童哲學的歷史，包括美國、歐洲以及在臺灣的兒童哲學運動，並對兒童哲學的基本問題：「兒童是否應該學習哲學？」進行一連串討論，分析處理可能出現的反對意見，以求達到深入與不失偏頗的結論。兒童哲學運動「可以」，更「應該」在臺灣的教育環境中發揮其正面影響力。

第一節　兒童哲學的誕生與歷史

在前言部分，我們盡可能不以任何專有名詞介紹兒童哲學的理念，希望能對初次接觸的讀者有所助益，從這一章開始，我們需要慢慢增加讀者一些兒童哲學專有名詞的字彙。

談到兒童哲學的歷史時，不得不先提的是，本書所提到的「兒童哲學」，是在「美國」發源與流傳的兒童哲學。爲了簡便閱讀，除了本章第二節以外的部分（含本節），就直接稱爲「兒童哲學」。本章第二節對照另一種發源於歐洲的兒童哲學時，會跟各位詳細解釋簡稱的原因。

兒童哲學緣起於七〇年代，是由美國哥倫比亞大學的哲學教授，李普曼教授（Matthew Lipman，一九二二至～二〇一〇年）所提出的教育理念。李普曼在大學教了十九年的哲學課程，深感大學生普遍缺乏思考技巧與深度。因爲在當時的教育制度下，學生只習慣被動地接受資訊，少有主動思考的機會，結果是學生的思考普遍地缺乏深度發展，變得膚淺而僵化。

有鑑於此，李普曼認爲良好的思考技巧與習慣，必須及早培養，於是他編寫、設計許多以思考與邏輯為主題，內容類似於《對話錄》富哲學思考的故事，以探索團體方式帶領孩子進行理性思辯與討論，試圖將哲學思考的訓練推展到大學以前的教育活動中，成效斐然。經過許多的研究與努力，李普曼強調哲學教育應該在 K-12（12年義務教育中）扮演關鍵的角色，及早透過哲學課程培養兒童的思考與批判能力。[1]

大學以前的教育占了很長一段時間，在這段時期中，越早越接近「兒童」的典型，兒童哲學最典型的例子大概是學齡前兩年到小學畢業這一階段的孩子。為了刺激這階段的孩子深入思考，兒童哲學教材必須是故事而非論述，引導而非論證，並透過團體的討論、分享、角色扮演、遊戲等多元的活動進行思考訓練。兒童哲學是「為了」兒童而設計的哲學，不是研究兒童是什麼的哲學[2]，更不是傳授兒童專業哲學知識的哲學。

透過李普曼理念的號召，一九七二年在蒙特利兒州立學院（Montclair State College），現已改制為蒙特利兒州立大學，（Montclair State University）成立了兒童哲學研究中心（Institute for the Advancement of Philosophy for Children，簡稱 IAPC）作為推廣兒童哲學的中心機構，開始透過出版品與訓練課程讓兒童哲學的理念在世界各地傳播推行，IAPC主要的工作有二：

1. 是提供各階段兒童（從學齡前兒童到高中）進行哲學探索與思考的哲學課程語教材。

1 本段文字主要參考毛毛蟲哲學基金會網站中兒童哲學廣場對於兒童哲學的介紹，詳見 http://www.caterpillar.org.tw/html/front/bin/ptlist.phtml?Category=288637

2 雖不等同但的確有關聯，跟這個問題相關之內容會在第二章「童年哲學」進行討論。

2. 統整各種兒童哲學教學與學習經驗的研究報告。[3]

多年來IAPC已經從一開始頗具實驗精神的組織，慢慢地由紐澤西州擴展到許多其他地區，甚至國家，成千上萬的兒童也因為IAPC出版的各種訓練課程、圖書、兒童哲學教材，透過家長、老師以及兒童哲學的支持者，接觸到這些資源。時至今日，超過五十個國家有專門機構與IAPC密切合作，聯合國文教委員會也肯定兒童哲學教育對於自由與民主概念的普及具有貢獻。

李普曼認為兒童哲學的目的在幫助兒童形成自己對於人生意義與價值問題的一般思考。他在《*Philosophy in the Classroom*》[4]中曾明確指出兒童哲學所欲達到的具體目標有以下五點：

1. 改進推理能力
2. 發展創造力
3. 增進個人及人際關係的成長
4. 發展倫理的理解力
5. 培養發現意義的能力

這五點可以約略分為增進思考能力，偏向「理智」的1.、2、3.，與培養人際溝通能力，偏向「情緒」的4.、5.。鑒於孩子的全面性發展，兒童哲學也強調要「理智」與「情緒」並重，其進行方式是以「探索團體」的方式進行，以問題強化理性，以溝通陶冶情緒。我

3 參見IAPC官網: http://cehs.montclair.edu/academic/iapc/
4 M., Lipman, A. M. Sharp, & F. S. Oscanyan, (1980). *Philosophy in the Classroom*. Philadelphia: Temple Universality Press

們會在第三單元專門介紹探索團體本身，而用第一單元鋪陳一些兒童哲學基本的理論概念，用第二單元討論李普曼著作的兒童哲學教材。本書的主軸就是發源於美國，由李普曼所提出的兒童哲學，以及其在臺灣的發展。

在進入正式討論以前，讓我們做最後兩個回顧，分別是歐洲的兒童哲學以及美國的兒童哲學在臺灣的發展。在最後一部分，參考綠巨人計畫的經驗，我們也將提出在臺灣推展兒童哲學未來可能的目標與展望。

第二節　歐洲與臺灣的兒童哲學運動

歐洲兒童哲學主要的發源地在北歐，挪威與丹麥是最主要的兩個盛行地。挪威的兒童哲學主要倡導者Øyvind Olsholt[5]就提到，有兩種不同的兒童哲學，一種是盛行於英語使用區與美國學界，專注於語言與邏輯的P4c，即「Philosophy for Children」的縮寫；另一種是發源及流傳於歐洲大陸，注重形上學與世界觀的Pwc，即「Philosophy with Children」的縮寫。兩者之間有著微妙有趣的關聯。

歐洲的兒童哲學並非本書主題，但與本書主題的美國兒童哲學作爲對照，能拓展我們思考的視野，更深刻地反省兒童哲學的理念，所以我們也在此進行簡單的介紹與討論。

首先我們注意，這兩種不同路線的兒童哲學其實有許多互通之

5　參見 Saeed Naji記錄的*Interview with Oyvind Olsholt, co-founder of Children and Youth Philosophers*, Saeed Naji的網站http://www.p4c.ir中有許多與兒童哲學領導者的談話紀錄。

處。先就大方向而言，歐洲兒童哲學（以下簡稱Pwc）與我們前一段提到的美國兒童哲學（以下簡稱P4c）有以下三點互通之處：

1. Pwc也認為兒童對哲學的接觸有助於個人思維與智慧的深度發展。
2. Pwc也以富哲學思維的故事作為主要使用教材。
3. Pwc也認為兒童哲學的進行方式是以團體討論的方式進行。

在歐洲方面，發源於丹麥的Per Jespersen所推動的兒童哲學運動，也是以哲學故事爲引導，他的第一本哲學故事叫做*The Wonder Dough*，是由老師帶領學生一起進行討論，並透過討論培養學生自主以及追求智慧的思考。其實除了以上提到的三點之外，這兩種不同的兒童哲學也都非常尊重孩子在思想與行動上的自主性，反對權威式甚至講堂式的教學，只是這是屬於更大範圍的教育理念之議題，我們就不一一進入討論。

但此兩者也有不同之處，以下幾點是由Per Jespersen[6]與Øyvind Olsholt的訪談中，自Pwc的觀點簡單整理出四點的不同，而我們在每一點後半試圖由P4c的觀點予以回應：

1. P4c認為哲學的核心是邏輯與語言，Pwc認為是形上學與世界觀。Per Jespersen認為P4c過分強調邏輯訓練的重要性，使得教材內容過於膚淺，喪失了哲學應有的深度與內涵。P4c可能會回應傳統形上學本身早已在世界思潮發展中過時，而且岌岌

6 參見 Saeed Naji在http://www.p4c.ir中記錄的*Interview with Per Jespersen*,

可危，並不見得是適當的教材。

2. P4c認為兒童哲學有助於思維，也有助於其他學科的學習發展，甚至有針對此主題進行的大型研究；Øyvind Olsholt站在Pwc的角度認為對哲學的學習最好不要被視為一種工具，因而喪失其應有的智慧與精神，Per Jespersen認為Pwc鼓勵學生專注於對智慧的喜愛、精神的成長，以及對同伴的尊重，光是這些就足以作為其重要的成果。P4c可能會回應，P4c一樣並不排斥養成學生專注智慧的特質，而認為思考訓練具有工具性價值，不完全等於把哲學當作工具。
3. P4c的手冊寫得較為詳細，提供各種帶領方法、討論問題以及與之相關的活動設計；Pwc的手冊則只有簡短的建議，但這明顯只是風格的不同而已。
4. P4c的推行主要是IAPC由上往下統籌，先說服學校的主持人或校長接受理念，在進一步安排相關老師訓練課程；Pwc則以老師個人的理念為中心，特別是Per Jespersen領導的丹麥兒童哲學，是直接與授課老師接觸，讓老師各自決定並使用各種兒童哲學的教材，而不需要接觸到教育界的上級決策機關。這固然與教育相關的法律有關，但其實也促成了Pwc獨特的精神，可以歸類為風格或教育背景的不同。

其實我們可以稍微感受到，特別是研究哲學的諸位先進，以上兩種不同意義的兒童哲學，其實剛好可以對應到二十世紀兩個相對立的哲學陣營：英美分析哲學（Analytical Philosophy）與歐陸哲學（Continental Philosophy）。代表英美分析哲學的P4c，推崇清晰而嚴密的思考，這正是分析哲學本身與追求的風格；而代表歐洲哲學的Pwc較強調對於學問根源智慧的追求，這也代表了對分析哲學不同價值的反思。這兩個目標其實與這兩個哲學陣營本身的思考習慣與價值觀有很深的聯繫。

對於以上兩種不同發源地與風格的兒童哲學，學者也有不同的看法，有些學者認爲其中一者比另外一者要來得更爲廣義：

> 讓兒童喜歡智慧比讓兒童喜歡思考與推理，範圍廣得多。因為喜愛智慧，包括了目的與手段，而推理與思考則是手段而已。因此，美國的兒童哲學在意義上是狹義的，歐洲的兒童哲學在意義上是廣義的。[7]

詹棟樑教授的理解相當有意思，但「思考」與「智慧」這兩個詞究竟何者較狹義？何者較爲廣義？我想仍然是有相當大的詮釋空間。當我們了解它們兩者根源於不同的思考背景與學術傳統之後，對立應該是能夠消弭的。在兒童哲學做爲一種教育理念的推行上，因爲教育需要全面與多元的角度，這兩者雖然可以視爲敵對，更好視之爲互補，兩者都同時注重。

對於這兩者之間的爭論，並非本書的目標，本書目標是融合兒童哲學理論與教育現場的反思，提出一些值得探討的議題與實務發展的方向，並不特別專注在理論問題討論上。然而歐洲兒童哲學在臺灣尚屬新興概念，由李普曼所倡導的美國兒童哲學，在國內許多有心人士的努力之下，已占據國內兒童哲學運動的主要舞臺，故本書介紹內容遂以發源於美國的兒童哲學爲主，實在是事實考量而非理論之故。

在臺灣，一九七六年楊茂秀教授將美國兒童哲學之父李普曼的第

7 參見《兒童哲學》，詹棟樑著，頁10。

一本教材《*Harry Stottlemeier's Discovery*》譯成中文《哲學教室》一書，並在一九七八年開始第一次於臺灣進行兒童哲學的教學實驗。透過諸位先進之努力，「兒童哲學」對人及思考之珍貴性的尊重，引起許多學者和熱心人士的關注，希望在家庭、學校和社會推廣兒童哲學理念。

一九八八年開始，兒童日報開始連載《靈靈》（*Pixie*）、《思考舞台》（*Lisa*）、《鯨魚與鬼屋》（*Kio and Gus*）、《哲學與小孩》（*Philosophy and the Young Child*）等兒童哲學內容。為了更進一步推廣兒童哲學，楊茂秀等熱心推動兒童哲學的人士於一九九〇年將原來的「毛毛蟲兒童哲學發展中心」擴展為「財團法人毛毛蟲兒童哲學基金會」，並於同年在臺灣舉辦第三屆國際兒童哲學會議。[8]

毛毛蟲兒童哲學基金會於一九九六年由文建會補助，在樹林鎮、土城市、臺北市舉辦「故事媽媽研習專案」，並在接下來的三年間，在全臺灣各地舉辦故事媽媽研習專案，培育了無數的故事媽媽投身於閱讀與討論的教育活動。二〇〇八年以來，毛毛蟲兒童哲學基金會積極參與教育部舉辦的各種計畫，例如教育部的「焦點300」中的「閱讀種籽志工培訓」計畫，並且在全臺各地舉辦各種閱讀的營隊，繼續在臺灣推廣兒童哲學。多年以來，毛毛蟲兒童哲學基金會已出版許多有關於兒童哲學的童書、讀物與辦理各類課程、活動、師資培訓與實驗計畫。

除了毛毛蟲兒童哲學基金會本身的推動外，在大專院校中，如：天主教輔仁大學、華梵大學、清華大學與臺東大學等也陸續曾開設過有關於兒童哲學的課程。由李普曼教授提出之兒童哲學，在臺灣

8 此段討論主要參考資料為毛毛蟲兒童哲學基金會官方網站中，記錄有關於毛毛蟲基金會的理念與大事記，詳見http://www.caterpillar.org.tw/html/front/bin/home.phtml。

有許多實質的進展，當然也尚有繼續發展的空間。

也因此本書的討論內容，來自於檢視這個在臺灣推動非以研究爲主的哲學運動，有哪些有趣與值得學習的內容，以及哪些我們可以檢視與繼續努力發展的方向。

透過許多的思維探討，以及對兒童哲學歷史性的介紹。兒童哲學這個概念，或這個運動的初步輪廓至此描寫完成。我們接下來進入兒童哲學第一個遇到的問題，「兒童應否學習哲學」這個問題的討論上。

第三節 兒童學習哲學的目的

爲什麼要兒童學習哲學？小孩子有能力學哲學嗎？楊茂秀在《哲學教室》的譯序中很明確地點出這兩個關鍵問題：

> 小學生能學哲學嗎？如果我們將這個問題公布在報紙上，徵求大眾的回答，我猜想大部分的答案是「不能」；小學生該學哲學嗎？如果我們將這個問題公布在報紙上，徵求大眾的回答，我猜想大部分的答案是「不該」[9]

雖然未經過實際的調查，但楊茂秀對這兩個問題的答案推斷可能是正確的，大部分人可能認爲兒童「不應該」也「不能夠」學習哲學。但在前言中談到兒童哲學教育的目標時，其實已經透露出兒童哲

9 《哲學教室》，頁5。

學能給孩子帶來的一些思想發展上的益處，或許能做爲「應該」的理由，但在本節，我們要更細緻地審視這個想法，設法回答從各方面可能提出的反對意見，如此方能成爲深思熟慮的想法與定見。

當問「爲什麼要兒童學習哲學？」時，這個問題可以分爲兩個層次來回答，首先，做爲人類的一份子，我們可以問，爲什麼人類要學習哲學？即便是成人，不是小孩，如果我們以哲學追根究柢的精神來思考的話，爲什麼需要學習哲學仍是一個值得討論的問題。

李普曼認爲「哲學的重要在於形成，爲自己思考的能力和對重要人生問題構作自己的答案」。哲學訓練不在背誦記憶「哲學資料」，而是從事哲學思考以產生「哲學知識」。根據此觀點，哲學是一種關於思考能力與人生問題的思維，它具有整合具體知識並代表個人思考風格。對任何成年人來說，哲學思考就等於成年人在思考上獨立這件事實。因此，做爲一個具有獨立思想的人類，如果我們認爲這對成年人來說是好的，學習哲學就成爲「應該」之事。這是對第一層問題簡單的答案。

第二層的問題是討論主軸。爲什麼「兒童」需要學習哲學，李普曼認爲大學的哲學教育已經太晚，學生的思考已經僵化，難以獨立與深入地思考，因此哲學教育應該提早。但提早學習哲學卻是兒童哲學最常被提及的問題，許多人認爲這根本是不可能的任務，因爲哲學根本「不適合」兒童。這裡所謂的「不適合」，通常可以分爲以下三點：

1. 兒童具有足夠的思考「能力」來學習哲學嗎？
2. 在許多需要學習的科目壓力下，兒童有「足夠」的時間與精力學習哲學嗎？
3. 兒童學習哲學的成果應如何「評量」？

我們將花費以下兩節的篇幅來仔細回答這三個問題。

第一個問題是哲學學習者可能提出的問題。哲學中有個概念叫做「應該」蘊含了「能夠」（ought implies can），如果我覺得你「應該」做某件事，這代表我對你「能夠」做那件事毫不懷疑，否則我可以回答「非不爲也，不能也」。很多人認爲兒童思考能力根本不足以學習哲學，哲學是關於「思維本身」的學問，預設了高度的抽象與反思能力。兒童階段的思維很可能沒有這麼複雜，孩子基礎思維能力都還不夠，遑論進行普遍的思維或反思。從哲學本身的性質就可以推論出兒童「無法」而且「不應該」學習哲學。

這個問題可以由兩個方向來加以回答。從理論的角度而言，我們需要分析、了解兒童的思維發展過程，以便確定他們眞有認知或思維上難以跨越的障礙，第二章有部分篇幅關聯到這點，更深的研究還需要兒童心理學的討論。另一種是從實際的例子著手。李普曼與許多參與IAPC的學者都蒐集了許多由兒童所問出的問題，藉此證明兒童的確站在學習哲學的入口，已準備好進行哲學的討論與探問。

我們來看幾個例子。馬修斯（Gareth Matthews，一九二九～二〇一一年）提供了實際的例子，他跟一群八到十一歲的孩子以下面故事爲開場，展開了一連串哲學的討論：

> 怡安（六歲）發現她父親朋友的三個小孩霸占著她們家的電視，讓她不能看她想看的節目。「媽媽，」她懊喪地問：「三個人自私，怎麼就比一個人自私好呢？」[10]

馬修斯表示，他在討論中提出了一個「效益主義」（utilita-

---

10 《哲學與小孩》，馬修斯著，楊茂秀譯，頁43。

rism）式的答案：「如果我們照三個人的方式做，世界上就會有三個快樂的人，相反的話就只有一個。」令人驚訝的是，其中一個兒童對此的回應是「讓三個人隨心所欲，卻犧牲第四個人是不公平的。」在這段簡短的對話中，兒童的確意識到了哲學問題，並且提出了非常哲學的思考結果。兒童對哲學概念，甚至是答案，其實並不陌生：

> 有個四歲小女孩克莉絲汀正在自己畫水彩。她一面畫，一面想顏色的問題。她坐在床上對爸爸說：「爸爸，世界是顏色做的。」
> 我認識她爸爸，他也想嘗試用小女兒的方式來了解這句話的意思，也很喜歡她的假設，並且也想有所正面的回應。可是他覺得這個說法其中有個困難，於是他問女兒：「那玻璃怎麼辦？」
> 克莉絲汀想了一會兒，然後肯定地說：「世界是顏色跟玻璃做的。」[11]

四歲的克莉絲汀不只提出了一種哲學的觀點，還能夠理解她爸爸提出來的「反對例子」（counterexample），甚至她還能當場處理這個反對例子：她把它直接加進理論之中，不管這樣做好不好，但這都是非常富思考技巧的表現。而她的年紀，離上小學還有兩年呢！

> 結著倪克開口了：「宇宙就是所有的東西、所有的地方。」他頓了一下，接著說：「但是，如果有個大爆炸之類的東西，那大爆炸又在哪裡呢？」
> ……

11 《童年哲學》，馬修斯著，王靈康譯，頁21。

倪克不只對宇宙的起源提出了難題，他還提出了一個形上學原理：萬事萬物，包括宇宙在內，都得有個開始。而他自己也知道這個原理又回到了宇宙的問題，所以他一再地問：「宇宙是怎麼開始的？」

班上的山姆說：「宇宙其實不是個東西，而是所有東西都呈現在宇宙上，所有東西都在宇宙上開始。」

我問：「那麼，宇宙應該一直都存在囉？」

山姆同意道：「對，宇宙應該一直都存在。」

我又問：「如果宇宙應該一直都存在，那麼也沒有最初的時間了，對不對？」

山姆解釋道：「對某些東西來說，有最初的時間；但是宇宙沒有最初的時間。地球就有最初的時間，太陽就有最初的時間。宇宙沒有最初的時間。」

我問山姆：「你有沒有辦法說服倪克，讓他接受宇宙一直都存在？」

結果山姆沒有回答，只用了一個很技巧性的問題來回應：「那，宇宙本來是呈現在什麼東西上的？」

倪克承認道：「這就是我不懂的地方了。」[12]

以上是一段有趣的宇宙起源問題討論，不管是倪克還是山姆的答案，感覺上都非常微妙，特別是倒數第二段山姆的回應，是一種思辨上高度技巧的回應，熟悉哲學的讀者應該不難看得出來。根據馬修斯的記載，倪克才九歲，我想山姆應該也差不多。

12《童年哲學》，馬修斯著，王靈康譯，頁17。

莎拉站在樓梯上，興致勃勃地看著。過了半晌之後，她開口問我：「爸爸，福拉肥為什麼會長跳蚤？」
「一定是牠跟別的貓咪玩的時候，那隻貓身上的跳蚤跑到福拉肥身上。」我漫不經興地回答她。
莎拉想了一會兒，接著又問：「爸爸，那，那隻貓又是怎麼長跳蚤的？」
「那是因為另外有一隻貓身上的跳蚤，跑到和福拉肥一起玩的那隻貓身上。」
莎拉頓了頓，一本正經地說：「爸爸，我們不能一直這樣說下去。只有數字才能這樣一直說下去。」[13]

最後這個對「第一因」的探問則是馬修斯自己和女兒莎拉四歲大的時候提出的。莎拉很明顯在反對她爸爸提出的解釋，而且她反駁得非常完整，居然還可以考慮到數字的例子。在馬修斯的書中有更多兒童談哲學的例子，IAPC官網也整理了許多由學齡前兒童提出的哲學問題，非常值得我們思考。

我懷疑是否真的有鬼魂。（I wonder if ghosts are real or unreal.）
當爹地跟我說要乖的時候，他到底指的是什麼？（When Dad tells me to be good, what does he mean？）
什麼叫做最好的朋友？（What makes someone a best friend？）
當大家說愛我的時候，那是什麼意思？（What do people mean

13 《童年哲學》，馬修斯著，王靈康譯，頁3。

when they say they love me？）
一點也不公平！（That's not fair！）
為什麼有時候時間過得這麼慢？（Why is time so slow sometimes？）
我的洋娃娃是人不是東西。（I think my doll is a person, not just a thing.）
媽媽說我沒有好理由，那是什麼意思？（Mom said I didn't have a good reason. What did she mean？）
父母說我應該說實話（My parents say I should tell the truth.）
爺爺死後去了哪？（Where did grandpa go when he died？）

以上都是學齡前兒童提出的，內容從思維、存在、價值概念、人格概念甚至到生死。即使以兒童有限的生活經驗，這也足以說明他們的確有機會「接觸到」哲學，形式化與複雜的反思也許是了解某些哲學理論的必要條件，但絕對不是接觸哲學的必要條件，否則任何對哲學陌生但不擅於反思的人都不應該接觸哲學。

因此，從兒童那能問出具有意義的哲學問題，就等於說明了接觸哲學並不是兒童不可企及的活動。依照李普曼的說法，兒童站在形成自己思考的能力和對重要人生問題構成自己答案的入口，他們的生活經驗與他們對思考的興趣一樣，都有可能繼續發展茁壯。

第四節　第二個問題與第三個問題

第二個問題是，學習哲學是否會影響兒童其他科目的學習，比方占據了他們學習語文、數學、自然、社會等科目的時間與精力，增加了學習的負擔。甚至有些老師憂心，哲學教學的反思與批判態度可能會影響到其他科目的有效學習。

李普曼（1991）指出，作為教育的一環，學習哲學的經驗反而有助於其他科目的學習。思考上的進步也能讓學生在其他科目上進步。兒童哲學主題並非在現有科目外增加額外資訊，而是訓練學生有效率地整合他在生活中或其他科目內所習得的資訊，並賦予這些資訊意義。IAPC研究顯示兒童哲學有助於更有效率的學習與生活應用，兒童哲學就好像思考上的基本體能訓練，沒有人會覺得基礎體力的培養對於學習足球或排球是有害的。

除此之外，由於兒童哲學的上課方式採「探索團體」的方式，以故事性的題材甚至圖畫書，輔以多元的活動來進行。探索團體的進行方式不僅讓學生有不同的學習經驗，甚至讓他們在一般課程之外有一個共同思考、談話、遊戲與休憩的空間。[14]兒童哲學在課程內容與形式的設計上，都盡量不增加孩子的負擔，甚至達到「寓教於樂」之效果。因此，兒童哲學並不意圖成為兒童另一個學習負擔的科目，反而成為一個活化思考的契機。

最後，有人擔心哲學的「懷疑精神」是否會影響到其他科目的學習，但懷疑精神只是哲學思考的一部分，哲學思考活動有懷疑、提出疑問、試圖解答、批判解答、評價等多種一連串的思考活動，並不是只有「懷疑」這個部分而已。懷疑或許是深化思考的入口，但不是全部。

而且即使「懷疑精神」是哲學特有之處，但每種科目都有不同

14 一些孩子回應的例子可以參考本書第九章第二節。

的特點，是否會影響其他科目的學習？孩子對於文學作品中角色的同情，是否會影響到他對數學或自然科學的客觀性格學科的學習？孩子對音樂感受力的喜歡否會讓他的思考變得空洞？換句話說，任何兩種不同性質的學科，是否會相互影響彼此的學習？

這就好像柏拉圖（Plato，西元前四二七～三四七）所認爲，戰士階級不應該接觸會使人精神軟弱的藝術作品。事實上，心靈的自由學習與發展，是教育追求發展的目標，而非敵手。哲學只是其中一種視角，切換不同角度的視角，正是教育營造優質思考的環境。如果擔心兒童會因學習不同科目而混亂，那麼時下常見的雙語教學或雙語學習，對於此可能造成的混亂，可能要比兒童哲學要來的更爲嚴重。思考的深度恰恰與統合力成正比，如果希望孩子能學得更多而不會雜亂無章，反而應該學習兒童哲學。

我們來到最後一個問題，即使贊成兒童具有思考能力，也能夠學習哲學，那對於哲學學科的學習程度應該如何「評量」？如果作爲社團活動，學習哲學也許不需要正視如何評量的問題，但若作爲一個「課程」，較爲客觀的學習目標或評量機制，或許是推行上迫切需要的利器。

兒童哲學當然不是通過考試來進行測驗的課程，哲學是思考，哲學反思具有一種自我修正的特性與精神，而兒童哲學也鼓勵學生自己思考。對這種思考進步最主要的表現，就是在探索團體中活動的進步。注意：筆者說「進步」是因爲兒童哲學關注的是自我批判、自我修正的能力，所以帶領者對孩子參與活動的「紀錄」，就越形重要。

兒童哲學最具意義的評量，就是孩子參與探索團體活動時所留下的「談話紀錄」，透過這些紀錄我們可以觀察，也可以鼓勵，孩子們在自己思考上慢慢地進步。當然，對於不善於發言的孩子，也許記錄起來格外困難，但透過長久的相處與觀察，甚至短時間單人的溝通，應該也能觀察出孩子的成長。帶領探索團體的老師應該盡力建立詳實的、客觀的觀察紀錄，這些紀錄能構成這個教學活動最重要的評量指標。

兒童哲學不是無法評量，而是我們要盡量利用每一個人獨特的歷史紀錄來評量。除此之外，對於其他科目可能具有正面的助益，可以透過其他科目的評量表現出來，這點我們最後一節再做更仔細的討論。

至於目前，我們已經對一開始提出的三個問題做了仔細的回答，因此我們對兒童是否應該學習兒童哲學，在細節上的討論也到此結束。

第五節　對臺灣兒童哲學運動的反思

在臺灣，由於升學主義掛帥的教育仍爲社會大眾所接受的主流價值，因此高舉崇高教育理念的運動往往難以推展。人本教育基金會所推動的教改，最終成爲與主流教育相互對立之抗衡，難以對體制內大量的孩童產生普遍而長遠的影響，其因也由此而來。

在此種環境下，兒童哲學的推展其實也與許多重要教育理念的推展一樣，很可能成爲陽春白雪、曲高和寡的運動。但毛毛蟲兒童哲學基金會已在許多的社會活動中成功展現兒童哲學對於孩童教育的眞知與智慧，以及對社會大眾具有持續性的影響，如果能再配合與學校教育相輔相成的效果，必能更順利地推展兒童哲學之理念。

李普曼在IAPC的研究也指出，兒童哲學教育對於體制內一般學科的學習有助益。IAPC在許多對於兒童學科能力進步之研究，雖然對兒童哲學的成功相當肯定，但對於一般大眾而言，總是國外進行的實驗研究，在教育這個敏感的議題上難免有文化上的隔閡。在整個文化、教育體系與社會組成分子均有很大差異的社會中，影響力恐怕會大打折扣。因此，兒童哲學研究的當務之急，恐怕是兒童的學科表現與哲學課程之正相關研究。透過臺灣實地的經驗分析，方能給予兒童哲學莫大的支持。

因此筆者建議應致力於兒童哲學與學科能力相關性的研究。本文礙於專業所限，僅提出理論概念的說明，希望未來能結合實際經驗之研究，漸趨完備。在談到兒童哲學發展的目標之時，李普曼提出的發展目標雖有五點，但其中有幾項要點與其他兒童教育計劃重疊。例如鼓勵孩子學習自然增加推理能力，學習藝術增加創造力。參照兒童哲學的理念與實際教學經驗做思考之後，筆者認為兒童哲學的發展目標可用以下三個特點來說明，更能突顯其特殊之處：

1. 良好的思考技巧及主動改正之思考習慣

這點是由兒童哲學致力於發展兒童個人思維，及培養邏輯能力之理念而來。兒童哲學強調學生的自我發展與修正和思考本身的技巧與訓練，此為其他學科較少著重之要點，因而是其難以替代的特色。

2. 在團體中理性溝通、合作思考之能力

這點是由探索團體的性質與任務而來，相較於一般課程，孩子很少透過理性討論、相互合作來解決問題，在一般學科的學習中，合作最常見的形式是抄襲與作弊。但探索團體是一個非常特殊的存在，能透過理性討論之交流來解決問題，彌補孩子理性溝通發展之不足。

3. 了解自身看世界之觀點與深入思考

由哲學問題的特點以及哲學的性質導出，哲學思考關注不只是所理解的事物，還包含理解事物的方式與價值，並且不斷深入整合，此反省思考的態度爲哲學最重要與珍貴之特質。而這一點不透過哲學問題的探討，較難自其他科目中獲得。

以上三點均是參照李普曼的兒童哲學之理念所提出，只是更著重於兒童哲學與其他教育計畫較突出之處。兒童哲學若能順利地推行，必定能培養孩子的這三種特質。相比於兒童對體制內其他學科的學習，這三者也能帶來莫大的幫助。舉例而言，良好之思考技巧與主動改正之思考習慣是孩子在學習數學、作文等活動時極需要發揮的特質；能在團體中與人理性溝通，有助於孩子與同學及家人的溝通，能增進群育，並有助於文學類學科的學習；最後，了解自己思考世界之角度能培養孩子清楚而綜觀全局的思考，對於需要理解力科目的學習，如自然、社會等，有清楚的眼界必定會有相當大的幫助。總而言之，兒童哲學的推行應能對學童以下相應的學科有所幫助：

1. 良好的思考技巧及主動改正之思考習慣：數學、作文。
2. 在團體中理性溝通、合作思考之能力：群育、國文、英文。
3. 明瞭自身看世界之觀點與深入思考：社會、自然

由以上分析可見，兒童哲學對其他學科學習之重要性，不但能幫助兒童培養更具深度穩定的思考，也能對學校功課有所益處。推行兒童哲學絕非在現有科目上再增添一筆，讓孩子學習的負擔更加沉重，而是著眼於哲學思考對整體思考的益處，讓學習更有效率，而且也讓孩子有一個能寓教於樂、討論交流的學習天地。了解這一點，才能對兒童哲學在臺灣的未來更加肯定。

第二章　兒童發展

對兒童教材的設計很自然地引領我們到「何謂兒童」這個理論性的問題上，在本章與下一章，我們的主題都是兒童所處的「童年」時代，希望透過對這個概念的深入了解，能廓清我們推展兒童哲學時需要注意的理念。本章主題是「兒童發展」的概念，我們將思考，由孩童發展到成人究竟是怎麼一回事，有哪些與兒童哲學相關聯，而且值得注意的地方。

第一節　何謂「童年哲學」

兒童哲學的英文是「Philosophy for child」，它是設計「給」兒童思考與討論的哲學，而不是在討論「什麼是兒童」的哲學。這是前一章的主題，然而，由於哲學本身代表了一種追根究柢的精神，在教材設計過程中，對「什麼是兒童」、「兒童與成人在思想上的差異爲何」等問題，總隨著討論一一浮現，這些概念與問題的釐清對設計教材來說也是十分重要的。

因此，兒童哲學中的確有一些學者致力從理論的角度，對「童年」（childhood）的概念提出思考與反省，「兒童」就是處在「童年」時期的人，何謂童年的問題其實就是「何謂兒童」的另一種描述。哲學家希望以童年概念爲中心，賦予兒童哲學更深的理論基礎及更合宜的設計理念，這就是本章所謂之「童年哲學」（Philosophy of childhood）。

本節內容是從內容、形式以及關係三個角度說明童年哲學的意義。首先就內容而言，童年哲學是對「童年」以及與之相關的概念進行哲學性探討。馬修斯教授提到，李普曼建議，做哲學工作的人應該提出以下這些問題：

怎麼樣才算是小孩子？
小孩想事情的方式跟我們有什麼不同？
幼小的孩子真的有能力為別人設想嗎？
小孩子是否有權利和父母脫離關係？
小孩子的圖畫是否可能和一些現代藝術家的塗塗抹抹，在藝術上跟美學上具有相同的價值？
大人為小孩所創作的文學，是否就因為它出自大人之手，所以不能算是真的？[1]

以上這段引文雖然顯示，馬修斯教授認爲童年哲學的源頭是李普曼，不過，他後來卻比李普曼更投入童年哲學的討論問題中。在其他討論中也以自己的口吻，描述童年哲學的主要內容：

什麼是「童年」？對於兒童到成人的轉變是否具有完整的解釋？（甚至懷疑是否具有真正的轉變？）兒童在道德上與認知上的發展又是如何？兒童是否具有權利？兒童具有什麼樣的權利？兒童在社會中的地位又是如何？[2]

根據筆者的研究與觀察，馬修斯教授跟李普曼在諸多討論中都有

1 《童年哲學》，馬修斯著，王靈康譯，頁11。
2 The Philosophy of Childhood in stanford encyclopedia of philosophy, http://plato.stanford.edu/entries/childhood/

提到童年哲學，但他們對童年哲學內容的描繪並沒有什麼本質上的不同，頂多只是隨著談話情境的轉換，對某些議題有無提及而已。換個說話或行文的場景，他們所提的內容就會相當類似。

李普曼與馬修斯教授都認爲，童年哲學其實應該類似一般特定的議題哲學，例如宗教哲學（philosophy of religion）、藝術哲學（philosophy of art）、科學哲學（philosophy of religion）之類的哲學科目，獨立且被人重視與討論。在哲學界，科學哲學、宗教哲學、藝術哲學這些概念或課程，早已司空見慣。這讓我們我們來到第二個角度，從形式上思考，對比前幾個科目，不難發現哲學上稱爲「Philosophy of X」的科目通常有以下三個特性：

1. X代表某個為人熟悉而且足以引起哲學興趣的領域或概念。
2. X哲學是對我們如何看待X領域或概念的方式提出反省。
3. 以上反省的最終目標是將X領域或概念所代表的事物，以及我們看待它們的方式一併納入我們已知的世界觀之中。

首先注意第一點，不管是宗教、科學或藝術，都是早已爲我們熟悉的概念，這些字詞不需要哲學的特別解釋，我們都知道它們的意思。當然，並非每個熟悉的字詞都有足以引發哲學興趣的特質，但生活中總是有一些重要而且容易引起困惑的概念，値得對之深思。第二點，哲學思考的特色不只關心事物本身，更注意看待事物的方式。科學哲學討論我們看待科學知識的方式，宗教與藝術也都牽涉如何看待這些領域的方式。哲學做的是一種後設的思考。

第三點，哲學思考是試圖將這些領域代表的事物，以及看待這些領域的方式，一併納入我們對世界的整體觀之中，唯有如此，我們才能眞正理解這些概念，消除與之而來的困惑。不管是科學哲學、宗教哲學、藝術哲學，甚至我們再舉數學哲學的例子，都可以說完全滿足以上三個條件。

若依此標準，眞有所謂「童年哲學」，那我們應該確定以下三件事：

1. 「童年」是為人熟悉、普遍，而且足以引起哲學興趣的概念。
2. 「童年哲學」是對我們看待童年的方式提出反省。
3. 以上反省的最終目標是將童年代表的特性，以及我們看待童年的方式一併納入我們已知的世界觀之中。

讓我們思索一下以上三點，毫無疑問地，「童年」是一個爲人熟悉的普遍概念，雖然並非每個經歷過童年的人都會變成哲學家，但每個哲學家都一定會經歷童年。不管是在思考上或社會關係上，只要我們接受，童年時期的我們的確與長大後感覺上有些不同，那這些轉變就需要探討與解釋。不管是社會的責任、自我的概念，對道德、科學概念的獲得，不管持經驗論或天生說，我們總是由有到無，這段成長不管從什麼角度看，都是令人感興趣的哲學問題。

第二點與第三點也是正確無疑的。正因爲童年這段時期的轉變，足以引起我們的興趣與困惑，所以更需要了解我們是如何看待童年的，以及這樣的觀點是否正確，甚至這樣的觀點如何與現有的世界觀相結合。我認爲從形式的觀點來看，以上三個要點，「童年哲學」這個學科都當之無愧。

除了內容與形式，我們最後還考慮到「童年哲學」與其他哲學分支的關係上，李普曼在談「童年哲學」時提到：

無論如何，當我們被問到這樣的問題，童年為什麼可以成為一個哲學的領域。這個問題的答案似乎是，如果要做為哲學的一個分支，這個問題應該能引起其他哲學領域豐富的討論……，問題是童年哲學是否能達成這樣的要求。[3]

李普曼問的是童年概念是否能做爲哲學的分支，他已經預設了童年概念的哲學性，就如同我們前兩部分所陳述的一樣，但他現在考慮的是如何證明這個領域本身「足以」分支的問題。李普曼提出，作爲分支的條件是能否對其他哲學領域提出貢獻，在接下來的討論裡，他點出了四個「童年哲學」能夠影響的領域以及相關的問題：

1. 兒童是否有推理的權利，而這對「法律哲學」（philosophy of law）有什麼可能的影響？
2. 兒童除了被灌輸道德概念外，是否能進行倫理學的探討？如果有的話，這類倫理學的探討對「倫理學」（general field of ethics）的意義又是什麼？
3. 在任何團體理論中的兒童，其所扮演的角色如何能對「社會哲學」（social philosophy）有價值？
4. 在何種意義下，「什麼是兒童」這個問題能對「什麼是人」這個問題有所幫助，甚至影響到後者引發的「形上學」問題（metaphysical issue）。[4]

李普曼在本篇文章就提到四個哲學分支可能與「童年哲學」有關

3 "Developing Philosophies of Childhood", M. Lipman, in M. Lipman (ed), *Thinking Children and Education*, (Kendall/Hunt Publishing Company Press), pp.143-144
4 "Developing Philosophies of Childhood", M. Lipman, in M. Lipman (ed), *Thinking Children and Education*, (Kendall/Hunt Publishing Company Press), p.144

的問題，而且的確如他所言，兒童概念必定會對這些領域的特定內容造成衝擊，兒童是我們所認識的世界不可或缺的一部分，因此也與許多一般的哲學性議題有著深刻的關聯。

總之，童年哲學是一個在形式上、內容上，與其他領域的關係上，都具有完整的資格可成爲一值得開發的領域。透過這三個不同的方向，我們也更能了解這個領域的內涵與意義，以下我們就進入童年哲學實質內容的探討。

第二節　童年哲學的兩個核心概念

前一段已經提到，對哲學家來說，「兒童」就是處在「童年」時期的人，因此童年哲學跟研究「什麼是兒童」的哲學並沒有實質性的不同。以下的討論都是以此觀點來思考，所以不去特別區分「兒童」的概念跟「童年」的概念，僅視爲對同一問題的不同描述。

到底什麼是兒童呢？最簡單的區分方式是依照「人類年齡」作區分，例如於一九四六年成立的「聯合國兒童基金會」，在一九八九年所頒布之〈兒童權利公約〉中指出，兒童係指十八歲以下的任何人，除非該國家對其適用之法律成年年齡低於十八歲。例如在臺灣，十六至十七歲已婚者可享有部分十八歲以上的成人權利。臺灣的〈兒童福利法〉所指的兒童是十二歲以下的任何人，與前述公約有所出入，二○○三年比照〈聯合國兒童權利公約〉合併〈少年福利法〉與〈兒童福利法〉爲〈兒童及青少年福利法〉：稱零至十二歲稱爲兒童，十二至十八歲稱爲青少年。臺灣對兒童在法律上的定義，可說已經與世界同步。

然而對於哲學家來說，年齡只是法律適用的規定，並不具引發哲思的特質，哲學家想釐清的是兒童或童年的概念，即，這一段年齡者的「共同特質」，如此方能進一步思考應如何看待他們。到底兒童有何特殊之處，使得他們跟成人不同，而我們又應該如何理解與思考他們的問題呢？

筆者認爲在兒童或童年的概念中，有兩個核心的概念，是可以正確理解「兒童」不可或缺的部分，而且能幫助釐清整個童年哲學的思考架構。第一是兒童需要「依賴」成人，無法在社會中完全自主，筆者把它叫做「依賴」的概念，「依賴」的概念引發了一連串有關於兒童自主權、親權、受教育權以及相關權利的問題，比方說孩童是否有脫離親權的自主權，這些主要是下一章的主題。

另一個概念，是兒童正處於「發展」的階段，兒童能成長爲成人，童年是成熟期的前階段，兒童是發展中的成人。「發展」概念引發了一連串有關於兒童的認知發展、道德概念發展，以及與之相關問題的討論。這是本章的主題，我們下一節就進入對發展概念的討論。

這兩個概念涵蓋了馬修斯教授所提及童年哲學的所有議題。而李普曼所提到的兒童文學與兒童藝術的問題，廣義而言，也是「發展」概念的一環，只因爲藝術與文學本身特殊的地位，使得它與一般發展概念看似有所不同，這兩個概念能涵蓋所有童年哲學的問題。

但某些學者的論點隱含著對這兩者皆爲必要的否定，我們來看例子。魯迪可教授認爲[5]「童年」的概念不需要牽扯發展性的內涵。他認爲兒童是相對性的概念，而非發展性的概念，童年不必然是發展的階段。他用思想實驗來闡明論點：想像某個世界，在此，人們一出

5 "Misunderstanding Children", W. Ruddick, in M. Lipman (ed), *Thinking Children and Education*, (Kendall/Hunt Publishing Company Press), pp.161-164.

生就擁有所有成人的能力，沒有我們熟悉的父母或家庭，唯一童年是「第二童年」：老人安養院。由於各種生存競爭，只有極少數人可以「活到第二童年」，活到依賴於成人的那一天。魯迪可教授認爲在此想像的世界中仍有「兒童」的概念，就是在安養院內安度童年的老人。他認爲兒童是「依賴」卻不需要「發展」的概念，被當作兒童的老人「依賴」於成人，但同時卻已經沒有「發展」可言。

魯迪可教授的觀察十分清晰，但筆者認爲是不正確的，我們也可以想像具有「發展」但同時卻已經沒有「依賴」關係的兒童。想像未來也許有一種自動機器，這個機器會在小孩出生後自動把所有的小孩接去照顧，負擔所有照顧的責任，所以兒童對我們而言再也沒有照顧的責任了，只是他們仍然會慢慢長大成人。我們是否能稱這樣慢慢發展的族群爲兒童？我想，我們一般還是會認爲他們是成長中的兒童，只是不需要「依賴」於我們而已。我們一樣可以用另一個思想實驗，證明跟魯迪可教授完全相反的結論。

問題就在於，魯迪可教授並無法證明，以政治角度解釋的兒童與具有發展性的兒童之概念是「不相容」的，事實上，他所謂的思想實驗僅僅證明這兩個概念不見得是必然相關的，但在事實上仍可能相關。把兒童概念當成是由「依賴」與「發展」兩者共構而成的概念，是更爲符合事實的作法。

擁護兒童權利的思想家通常會從另一邊破壞這個平衡，胡特教授寫到：

> 我主張成人公民所擁有的權益、特權、義務、責任，只要年幼者希望行使，無論其年齡，也應均一體適用。[6]

---

6 *Escape from Childhood*, (New York:Dutton),p.18.

胡特教授的觀點隱含了兒童概念是不需要「依賴」的，但是他也不反對兒童具有教育與未來的發展，所以他並不排斥「發展」的概念。但是仔細思考會發現孩子雖然具有需要被尊重的位格性，但在某些事物的處理上，特別是在社會關係的問題上，他們還是相當不穩定的。情緒的穩定往往比理性更需要生存經驗，設想一個小孩可能會為了打賭，或一時興起，把登記在他名下的房子送給別人，讓整個家庭失去住所，任誰都會認為這是一件相當麻煩的事。

孩子，或許恰恰就是為了學習與發展的關係，比成人更容易受到環境與他人的影響，這是非常需要值得注意的，而這在社會關係的處理中也是非常危險的，他很可能會被人影響或引誘去做出具有嚴重後果的事。也因此我們需要等候他吸收足夠的經驗，足夠穩定思考之後，再來處理與社會有關的事宜。

在第三章最後一節我們會用更多的篇幅來談這個問題，但目前為止筆者要指出的是這兩個概念對於理解童年概念的重要性，以及我們需要顧及的平衡，即使不贊成筆者的觀點，但順著這兩個概念進行討論，對釐清什麼是童年來說仍然是有幫助的。我們下一節就進入馬修斯教授對「發展」概念的討論。

第三節　馬修斯教授的兒童發展概念

無論如何，認為兒童是「發展」中的個體並非錯誤的說法，只是我們必須注意，在「發展」這個詞原本具有的意義上，必須先盡量擱置價值判斷。切記「不要」覺得未發展的人一定會比發展完成的人有什麼缺陷或問題，這樣就是把「依賴」與「發展」兩個詞混為一談了。馬修斯教授在《童年哲學》中反覆強調我們對「發展」應避免價值判斷帶來的誤解。

讓我們正視問題，兒童究竟是如何由童年階段「發展」爲成人？馬修斯提到[7]三種不同的「發展」模型，第一種發展，是將童年發展視爲一種本有概念在經驗世界的展現，他把這種模型稱爲「Preform Model」，意思是整個變化都早已寫好在生物原本的結構中。持這種看法的是柏拉圖與喬姆斯基（Avram Noam Chomsky，一九二八年～），或許還可以追到支持理性論本有觀念的哲學家，如笛卡兒（Rene Descartes，一五九六年至一六五〇年），他們認爲所謂「發展」就是將原有的內在結構或概念展現。在這種觀點下，兒童只是具體而微的大人，只是有些內在概念在等機會綻放。

第二種他稱爲「Logical Model」，是一種透過經驗成長的模型，童年是一段兒童透過對經驗的習得、整理與細分慢慢地發展他的細緻思想，亞里斯多德（Aristotetle，西元前三八四年～西元前三二二年）是馬修斯一開始舉出的例子，在《童年哲學》這本書中，他還提到了洛克（John Locke，一六三二年～一七〇四年）。總之，持這種看法的人，傾向認爲人類的學習是由經驗主導，本身並沒有本有的概念或知識的地方。

第三種模型，他稱爲「Recapitulation Model」，我們稱爲重現的模型，這是馬修斯傾注最多討論的觀點，這種模型認爲具體個人的成長，其實是人類社會，甚至是人類演化，一整個過程的重現。這種論點認爲，發展是由幾個不連續的階段或者朝代連綴起來，將每一個階段跟下一個階段相比，均完全不相同而且不連續，可以說各階段就是

7 "Childhood: The Recapitulation Model", G. Matthews, in M. Lipman (ed), *Thinking Children and Education*, (Kendall/Hunt Publishing Company Press), p.154

不斷往前變化而成，隔朝換代之間的理解在理論上是不可能的。

在前文中，馬修斯對這三者孰是孰非並沒有非得有三擇一的態度，只是他極力批評第三種觀點。第三種觀點認爲小孩到大人的發展是不連續地、階段地變化，所以這可能是最支持小孩無法學習哲學的一種論點，因爲他們與大人活在完全不同的世界之中。然在《童年哲學》中，馬修斯教授則採取比較保守的說法，反而認爲三個說法都有值得注意的地方，都可能讓我們扭曲了小孩子的成長。

> 一個人對童年的看法，抱持經驗説、內在説或是重現説，究竟有什麼不同？首先我們必須承認今天沒有任何人可以提出一套充足的童年理論，完全照顧到心理學家、人類學家、語言學家、教育學家各自關注的兒童成長。我們目前所擁有的，只不過是若干不同的理論模型，這些模型只能引導我們在某些限制之下進行研究，以及幫助我們詮釋資料而已。[8]

馬修斯教授顯然對重現說抱持了更多的正面理解。而的確，馬修斯教授點出了，兒童成長是一個非常複雜的過程，兒童的成長不管是身體上、心理上、個人價値或知識上，甚至是社會關係上，都牽涉到無數因素。這些因素也很可能會彼此影響，比方說青少年時期的兒童在身體上的迅速成長，往往會對他的心理以及情緒帶來很大的影響，性腺成熟更是會對他的思想與價値造成衝擊。

也因此在如此諸多的條件之下，勉強設定一個關鍵的因素或主導的模型，恐怕不僅困難，而且很容易陷入謬見。孩子的成長與發展是

8 《童年哲學》，馬修斯著，王靈康譯，頁37。

需要多面向去分析的，而且不見得每個孩子都一定是心理、身體或社會中的任一環節扮演主導作用。

既然如此，研究「發展」的模型又有何用？既然無法確定「發展」的關鍵因素，再多討論都只是空談。筆者不認爲如此，「知識」對思想的貢獻，不只是決定哪一個是對的，有時候雖然我們不知道哪一個是「對的」，可是我們可能知道哪個是「錯的」。當回顧成長經驗或人生歷程時，常常感嘆某些錯誤的抉擇，雖然不確定選另外一個是否一定更好。如果對人生發展的思考與反省，都只能做到這樣的地步，那麼對另一個孩子的成長過程，又何嘗不是如此？

馬修斯教授的確認爲沒有一種兒童發展的觀點，在「哲學上」是正確的，因爲所有的觀點都只有從某一個角度來論是正確的。這是非常重要的觀點，沒有它，我們必將在兒童發展問題上陷入困惑與混亂。哲學的角度不但必須確認從整體的角度來看，有一個模型擔任了主導的地位，而且它必須確定這個模型是兒童發展的「原因」。就哲學對思考的理解而言，目前就我們所知，只有透過「錯誤的消除」才能得到進步，而不管是反省、經驗或者是重現都有進步的例子，但也可能都不是進步的原因。我們要擔心的，是以有限的偏見扭曲了對兒童發展的理解。

我們以下就來看一個這樣的例子，那就是馬修斯教授對皮亞傑教授論點的反駁，他顯然認爲皮亞傑教授的論點過分地強調了重現說的模型，因而對孩子思想發展的可能性與智慧有所輕忽。

第四節 對皮亞傑論點的反駁

在《哲學與小孩》以及《童年哲學》這兩本書當中，處處充滿著對於著名瑞士心理學家皮亞傑（Piaget，一八九六～一九八〇）教授論點的攻擊與反駁。馬修斯教授對皮亞傑教授的論點反駁可能有兩個明顯的原因。首先，皮亞傑教授是公開反對兒童具有哲學思考的人，在《兒童心理學手冊》書中，兒童哲學一文中，他有段開頭文字：

> 毫無疑問地，小孩子實際上無法理出任何哲學。適當地說，因為兒童並沒有設法將自己的思想編成系統。就是泰勒也錯了，他說「野蠻人的哲學」，好像說他是原始社會神祕的代表。所以，我們除了以隱喻的方式以外，不能說什麼兒童哲學。

除了反對兒童學習哲學的文字之外，皮亞傑另一個引起馬修斯教授批評的理由，是他的論點所帶來的「成熟階段說」，馬修斯教授提到：

> 對童年的研究，在二十世紀裡有驚人的發展。現在研究的方式有兩個核心；其一，是主張兒童是處於發展階段，並且此發展是個趨向成熟的過程……現在童年研究的第二個核心觀念，是在兒童成長軌跡裡可以看出階段的……成長當然有個目標，它的目標就是趨向成熟。在發展過程中，較早的階段會被後起的階段所取代，而且我們會認為這後起的階段一定是比較理想的情況。[9]

---

9 Ibid，頁23-24。

這段當中可以看到馬修斯教授心繫的是皮亞傑教授的論點所帶來的「成熟階段說」說，這種論點先把「成熟」當作完美的階段，然後把一些兒童欠缺的能力一一蓋起來，然後我們可以宣稱，這些能力在他幾歲、哪個階段將會開放。如果我們把前一段提到的哲學思考，當作一種高等能力的話，那們我們就可以毫無疑問地宣稱，兒童沒有哲學能力是因爲這個能力還沒有對那個年紀的他（或她）開放。

我們前一段已經討論過重現模型的概念，「成熟階段說」可以說是重現模型不恰當的應用。它不但宣稱過程中的每一個階段基本上是不可共量的，而且它絲毫提不出這整個活動進步的原因，除非我們一開始就預設這整個活動是進步的。

馬修斯教授認爲「成熟階段說」即使用在某些方面是對的，但對於哲學來說並不正確，除了前幾章已經舉過的各種實例之外，他還提出了三個理由：

1. 我們不能因為一個小孩尋著一般的標準長大，就假定這個青少年或成人處理哲學問題就一定能達到應有的成熟。
2. 凡是傾聽過小孩子提出的哲學問題或哲學意見的人，都應該會清楚地看到其意見和問題的清新和創意非成人能及。
3. 笛卡兒教我們做哲學要重新開始，我不假定教我的老師就一定是對的，也不假設社會周遭所接受的就是對的；我要有新的起點，看能否用自己的方法證明我真的知道我自認為知道的東西。[10]

10 Ibid，頁24-26。

各位要注意，以上三點是對「兒童哲學」這個議題提出的辯護，它並不是說，皮亞傑教授提出的一般性認知發展模型是錯的。馬修斯教授在後半會提出這樣的批評，但不是現在。其中，第三個理由可以做爲第二個理由的部分原因（不敢說全部，但至少是重要原因），因此筆者認爲其實二跟三是可以合併的。小孩應該在思想上的前見與包袱比成人更少，因此容易提出清新而具有創意的觀點。

至於上文中的理由一，其實可以視爲是李普曼與馬修斯教授在大學授課經驗而來的理由，大學生不見得在思考上、邏輯上與哲學問題上，會比小孩有更好的表現。如果說哲學意味著用不同的方式看世界的話，小孩在這方面的表現很可能比大人更爲優異。

但是以上理由並無法驅走「成熟階段說」論點的鬼魂，因爲上述可能是哲學與一般認知發展不同之處，並無法代表人類整體思考能力不是階段性地開放，而且仔細思考，哲學做爲人類知識的一環，難道與整體認知的發展毫無關聯嗎？這也很難接受，所以我們可以說以上三個理由，並不是不對，而是不夠。

在《童年哲學》一書第四章，馬修斯教授試圖提出反對皮亞傑教授一般認知模型的論證，這個論證主要是針對皮亞傑教授守恆實驗所帶來的認知發展歷程。皮亞傑教授以實驗研究五到十三歲的小孩對於物質變化的反應，最簡單的例子是揉扁一塊黏土後（即改變其形狀），詢問孩子的反應，孩子的反應可以分爲以下四階段：

<table>
<tr><td rowspan="3">五到八歲的小孩</td><td>1.覺得形狀改變代表整體量改變。</td></tr>
<tr><td>2.覺得形狀改變代表質量改變。</td></tr>
<tr><td>3.覺得形狀改變代表排開水量改變。</td></tr>
<tr><td rowspan="3">八到十歲的小孩</td><td>1.覺得形狀不改變代表整體量改變。（乙組）</td></tr>
<tr><td>2.覺得形狀改變代表質量改變。</td></tr>
<tr><td>3.覺得形狀改變代表排開水量改變。</td></tr>
</table>

十到十二歲的小孩	1.覺得形狀不改變代表整體量改變。（乙組） 2.覺得形狀改變不代表質量改變。 3.覺得形狀改變代表排開水量改變。
十二歲以上的小孩	1.覺得形狀不改變代表整體量改變。（乙組） 2.覺得形狀改變不代表質量改變。 3.覺得形狀改變不代表排開水量改變。

馬修斯教授對於以上心理實驗的結果並沒有任何意見，他自己也承認，皮亞傑教授心理實驗的可複製性是很有名的。但是他深切質疑，以上幾組概念操作之後的結果，能完全證明小孩是透過階段的發展不斷地進步，他提出這樣的質疑：

1. 實體守恆：如果某物沒有被增加東西，也沒有被減少東西，那麼此物的東西應該和原來一樣多。
2. 重量守恆：如果某物沒有被增加東西，也沒有被減少東西，那麼它的重量應該自始至終都沒有改變。
3. 體積守恆：如果某物沒有被增加東西，也沒有被減少東西，那麼此物能置換的液體應該自始至終都沒有改變。
4. 其實這些原則既不是先於經驗的真理，也不是科學基本定律，甚至連低階的經驗事實也不算。因為它們根本就不是事實，它們都是假的。[11]

爲什麼突然要說這三個原則是假的？這跟皮亞傑對小孩認知發展建構出的模型有什麼關係？馬修斯教授要強調的究竟是什麼？根據筆者的觀察，這幾條原則，與其說是物理定律，倒不如說是形上學原

11 Ibid，頁72。

則。馬修斯教授所要強調的是，既然這幾條原則看似正確，但嚴格來說根本都是「假的」，全部都是錯的，那麼以上心理實驗結果僅僅說明的是，兒童是透過「錯誤」的累積慢慢學習進步。但階段成熟說卻給人一種錯覺，是「階段」本身讓我們進步，因爲本來還沒開放的能力，現在開放了；本來覺得錯誤的想法，現在正確了。但事實上，成長後的我們其實仍在「錯誤」之中，整個階段沒一個正確。讓孩子成長的不是「階段」，而是慢慢地在學校或生活中意識到「錯誤」。

這裡的分歧非常細膩，所以我們必須特別注意。我們前段已經看到，即使無法挑出最適合的發展模型，我們仍然從「錯誤」中學習，這就是我們的天性。孩子是因爲克服了錯誤而進步，不是因爲進步所以克服了錯誤，兩者不可倒果爲因。

回顧這章開始時，皮亞傑教授批評兒童沒有哲學，他批評兒童並不把自己的思考編成系統，相對於此，皮亞傑教授認爲能稱爲哲學的應該是具有系統的哲學理論。在這裡我們看到相同的戲碼上演，正確的以及有系統的才能被稱爲知識與哲學，錯誤與教育的關聯沒有被注意過，是這個想法引導他的實驗，以及最重要的，他對實驗的「解釋」。

這些解釋都是以「系統」或至少是「有系統的發展」爲中心。兒童的發展的確可以用此類模型來加以解釋，但是讓大部分孩子符合這些系統發展的「原因」，可能是文化、社會等因素所引發，孩子慢慢克服自身錯誤努力而達到的結果。但是在皮亞傑教授的論述中，原因是孩子的確符合發展的系統。

這些並非哲學所追尋的「發展」概念，雖然它可以作爲很好的心理學模型發展，兒童哲學需要的發展模型是一種更抽象，但更具「應然」，也更小心於「原因」概念的模型。認知發展模型是具有豐富參考意義的模型，它可以用來修正我們的著急，如果孩子表現不如預期，我們可以安慰自己說也許再等等看，但它卻不是解釋孩子「爲何」如此表現的模型。

孩子透過對錯誤的消除漸漸發展自身的思考，這是從哲學觀點而言的模型。錯誤的消除可以透過「理解」，也可以透過「練習」，前者偏向於理智與認知，後者偏向於價值與行動。如果我們不加思考就接受了「反正孩子就是會透過階段開放慢慢進步」此觀點，則我們不是在從事教育工作，我們只是等他慢慢長大而已。

「理解」跟「練習」這兩者是孩子常見的學習兩個模式，如果要讓孩子進步，不是要讓他在理智上理解，就是要讓他在活動上練習。由於其中一者關係到孩子的理智，一者關係到孩子的情緒與行動的發展，因此兩者不可偏廢。這是兒童哲學思考下的「發展」，也是這種意義的發展，才能做爲進步的原因，才能做爲教育設計的參考。

第五節　總結：童心與哲學

其實前文中還有一個馬修斯教授思考的要點，可以間接地對「重現說」提出批評，只不過這個批評是「間接的」，因爲它本身預設了某些特殊的哲學立場。這個要點是認爲「哲學」這個學科裡面所含各種精巧有趣的理論，其實根本是我們小時候提出哲學問題的複雜版：

> 在大學裡當哲學教師，我的工作就是引導我的學生，重新去從事這種他們小時候醉心玩過，並且當時也覺得很自然的活動。他們

後來之所以失去了這種興趣，乃是由於社會化漸次造成的。[12]

馬修斯教授的說法是，其實哲學是由我們小時候這些樂趣所推動的，只是這些樂趣在成長中被我們遺忘。這些樂趣當中最常見的，莫過於發現我們自身理解世界的方式，而成長過後，早已社會化的我們，常常無法意識並反省自己觀看事物的角度。

將哲學視爲對理解事物方式的理解，非只有兒童哲學的哲學家有。做爲二十世紀重要的哲學家維根斯坦（Ludwig Wittgenstein，一八八九～一九五一），其實就提到過，哲學工作其實並不在產生新命題，而在於提供一種新的了解世界的方法：

但對我的說法「你做了一個『語法』運動」有一種反對意見。你發現的主要東西是看事物的新方式。PI § 401[13]

依照維根斯坦的理解，哲學關注的是看待事物的方式，這對兒童哲學來說並不陌生，對兒童本身來說也不陌生。反省我們看世界的方式是深度思維發展的第一步，兒童正在學習有關於世界的一切事物，也需要學習如何看待它們，而且由於社會化程度不深，他們常比成人更容易發現看事物角度的新方式。

兒童哲學對哲學的看法跟後期維根斯坦的想法是有所契合的。孩子比成年人更愛笑，更能體會「幽默」的有趣之處，原因也在於此，維根斯坦也提到：

12《哲學與小孩》，馬修斯著，楊茂秀譯，頁2。
13《哲學探討》，維根斯坦著，范光棣、湯潮合譯，頁136。

幽默不是一種情緒，而是一種看待事物的方式。（C&V： 78e, 1948）。

這個說法跟孩子在學習中領受到的樂趣是非常契合的。雖然並非所有的哲學家都能接受這樣的看法，但將它列爲一種參考也是相當有意思的。楊茂秀在演講中多次談到對孩子的尊重，甚至是向孩子學習，我想他的想法也與馬修斯很相近。「童心」與「哲學」相去不遠。

回到臺灣教育現場，其實在臺灣，不管是毛毛蟲基金會辦的活動，或在體制內的教育交流討論，皮亞傑教授的階段成熟說，由此衍生出的各種說法，甚至由這些衍生說法再進一步延伸出的意見，其影響力都是很大的。我們幾乎是不經思索就假定了孩子的學習發展有不可任意更動的階段，甚至就是體制內學校教育所設計的幾個階段。

當然漸進式的學習是非常好的，做爲思考上的新手，我們的確沒在一開始就把最困難的問題留給孩子。但是同時，透過馬修斯教授的提醒，我們也發現到「成熟階段說」可能會帶來的問題。他讓兒童的學習變成一種標準化、制度化的工作，兒童「能夠」學會不是因爲他們之前的學習奏效，而是因爲他的年紀已經到了這個階段。我們越來越不看重孩子的「自我成長」，只注意他有沒有「跟上進度」，原因就來自於此。

同樣的原因也影響到我們看待「兒童犯錯」的方式，因爲讓孩子成長的是「階段說」，而不是「錯誤」，所以我們不喜歡孩子「犯錯」。事實上，馬修斯教授的討論正是要提醒我們這一點，我們應該用更正面的方式看待孩子可能的發展，以及他們的「犯錯」，他們正是透過犯錯而成長，所以擁有犯錯的權利，如果我們能在這兩個議題上注意，「成熟階段說」就不會妨礙我們對孩子的認知，反而可以增加我們對孩子的同情與了解。

至於對孩子的尊重問題，我們就留到下一章再談了。

第三章　兒童權利

兒童是否擁有權利？如果有，是哪種權利？許多人想到兒童會想到教育的權利，兒童是否有接受教育的權利？接受哪種教育的權利？又是誰應該對這個權利負擔義務？甚至兒童是否有拒絕教育，或拒絕溝通，甚至拒絕與父母同住的權利？本章就以兒童受教育的權利爲核心，進行一連串有關兒童權利的討論。

第一節　教育權（或被教育權）

想像你遇見一位十分聰明的小孩，他住在臺東山區，平常僅僅跟祖父母上山採採花生，他想學認字，想認識這個世界，但卻繳不起學費，這時你一定覺得我們應該想辦法，不管透過什麼管道或捐助，幫助他能無憂無慮地上學去。

再想像另一個十分聰明的小孩，也住在臺東山區，平常僅僅跟祖父母上山採採花生，他想買一個超合金的機器人模型，但是卻沒有錢買，這時各位還會跟前例抱著一樣的態度嗎？同樣都是孩子想做的事情，同樣都能爲孩子帶來樂趣，爲什麼「教育」比超合金「玩具」更值得爲他準備？爲什麼小孩享有教育權？教育權又是由誰負擔義務來提供？兒童教育的執行會不會遇到衝突？衝突又該如何調解？

本章第一節將對以上問題提出初步的釐清，問題之細節討論可以深入到專書，但本書意不在此，本書意在爲兒童哲學的學習提出辯護。首先我們討論第一組問題，什麼是教育權？談到這個問題，時常援引聯合國會議於一九四八年十二月十日通過的〈世界人權宣言〉，該宣言第二十六款直接點出教育權。

世界人權宣言二十六款：

1. 人人都有受教育的權利，教育應當免費，至少在初級跟基本的階段應當如此，初級教育應屬義務性質。高等教育應根據成績對一切人平等開放。
2. 教育的目的在於充分發展人的個性，並加強對人權和基本自由的尊重。教育應促進各種族、各宗教團體的了解、容忍和友誼，並應促進聯合國維護和平的各項活動。
3. 父母對於其子女應受教育的種類，有優先選擇的權利。

二十六款提到「教育權」，背後有些值得思考的點。首先，教育權是種「人權」，「人權」就表示這不是單純個人擁有的特性，而是「社會中其他分子應該要對擁有者所抱持的態度」。一個人具有自由權，表示其他人應該要尊重他的自由，一個人有財產權表示其他人不能硬占或搶奪他的財產。「人權」是以權利擁有者爲中心的社會規範，只要我們承認某個成員是社會中值得重視的分子，當然就有對這些成員的態度應如何規範的問題。

因此兒童具有權利是理所當然之事，兒童是社會中值得重視的分子。一般而言，兒童最重要的權利是教育權。教育權是以兒童爲中心，內容涉及「教育」的社會規範。聯合國〈世界人權宣言〉點出教育是一種「基本人權」，也就是「人，因其爲人而應享有的權利」，跟個人條件，如家世、種族、宗教、經濟狀況等條件無關。甚至與擁有者的想法跟意向無關，不管孩子是否喜歡受教育，他都有受教育的權利。這提醒我們與是前段例子的第一個不同點。個人對教育的偏好與否，並非決定其應受教育的條件，但一個人的欲求物則非如此，一個想要玩具的小孩，在他不想要的情況下，擁有不但毫無意義，還可能是種浪費。

第二點，對教育的渴望比起一般欲望更應該要被滿足，因爲它不但是一項讓人免於不自由、貧窮與匱乏的有效工具，也是一項長久的、有助於人類整體發展的計劃。不像具體欲望是偶然事件的結果，我們無法將短期的欲望當做人權看待，因爲這些欲望很可能只是因爲一時的衝動、環境因素引起的，非理性深思熟慮的結果，小孩很可能會在一年後不再喜愛這個玩具，但教育帶來的影響絕對不只一年。這是我們先要認清楚教育權做爲人權一環的特點，也只有在不考慮當事人的具體想法，不論其條件爲何都予以保障，才能具有基本人權的資格。

其次，受教育權在基本層級上應免費並對所有人開放，高等教育也許有費用產生，但除了費用之外應對所有人依成績考慮開放。教育計畫不只是「有」或「沒有」兩種結果而已，還有高低程度之別，這提醒教育權爭論勿落入「二元對立」的想法中。比方說，因爲無法讓所有的人都進入高等教育，而認爲此違背人民的受教育權，事實上，高等教育需要考慮更多的能力、性向、興趣以及社會資源的配合，而非單純提供而已。

此外，教育目的是發展人的個性，教育目的是個人自身的充分發展，而不是社會目的，每個個體的完全發展才是整個社會的目的。但畢竟許多家長難免在孩子的教育中抱以「望子成龍」、「望女成鳳」的想法，作爲提供孩子人格發展的「可能性」而言，這些額外的心思並沒有錯誤，只要在關鍵的問題上，給予孩子自主的選擇，畢竟，孩子自身的幸福最後總是需要他自己去認定。一個人的幸福與否的關鍵永遠握在當事人自己手上。

最後，教育的「種類」應由父母決定，這也牽涉到「負擔教育義務的對象」是誰。身處現代的我們，當我們想到教育的時候，我們的印象可能都是學校或類似學校的專門教育機構，但教育不等於學校。早在人類建立學校以前，人們就已經開始教育下一代，或讓兒童享受教育權，教育依執行機構的不同，可由以下數種機構提供：

1. 家庭或家族
2. 部落或部族
3. 教會或宗教團體
4. 教會或宗教團體建立的研究或教育機構
5. 私人團體建立的研究或教育機構
6. 國家建立專職的教育機構或研究機構

在美國與法國大革命以前，教育權的實現主要來自於家庭或教會，部落或部族也是某些特殊生活型態的民族所仰賴。前人之所以以血緣、家族、部族爲傲，常也是因爲教育，而非單純親族關係而來。當國家興辦的學校成爲最多兒童進入閱讀機構的時候，不但代表父母對教育種類的選擇有更多的可能，也代表了教育權漸漸從個人的社會條件中掙脫，成爲所有人共同或平等的條件。

以上一到六類團體，應免費提供孩童初等教育，並對高等教育予以機會上的平等。孩子由何種機構獲得教育，應由父母決定，給了親權很大的權力，也對何者應該擔負教育的義務問題一個解答：以上機構均可負責，但由父母挑選，而不是由孩子決定。讓我們設想，如果把「不接受教育」也當作以上選項之一的話，那孩子是否有權不接受教育？

經過我們以上的分析，我想讀者應該很容易看出，這個問題的答案是「否定」的，孩子無權力決定自己受哪一種教育，也無權讓自己不受教育。原因不只來自於孩子對社會機制的不熟悉，部分原因也來自於需有養育孩子家庭的穩定性，畢竟穩定的家庭才能長期地供給孩子成長資源，所以親權有此優先選擇權利。隨著有越來越多的教育義務落在公共的學校肩膀之上，這也成了家庭與學校之間的平衡，父母有權選擇學校，但學校有權選擇教材，父母僅僅是教育工作的委託者，而不是決策者。透過多人的思考與相互配合，相信能讓這部分的社會合作更爲完善與健全。

直至目前我們其實已經答覆了一開始所提出的大部分問題，除了與親權有關的問題以外。孩子有接受教育的權利，經政府核可的各種教育機構或團體能負擔教育孩童的義務。依權利而接受教育的類型主要是基本教育，而父母有權利爲孩童選擇教育種類與機構，卻無權直接決定教育的內容（除非他選擇自學），且孩子無權不參加。這是這些答案簡單的濃縮。

第二節　教育內容與權威

跟孩子的教育權利關聯的常有個引發家長興趣的問題，那就是在教育活動中，「管教」跟「權威」的必要性。爲了教育孩子，爲了孩子的將來，我們是否一定得在教育活動中使用「管教」跟「權威」來掌控教育活動呢？做爲兒童哲學討論的一環，我們應該對這點運用理性進行思考。

我們先談「管教」對教育活動的意義。本段中「管教」二字指的是直接，甚至當面對孩子的行爲予以糾正，糾正的內容從清潔、習慣到學業或動作，不勝枚舉。事實上，被管教不只是兒童的權利，在成人世界裡，特別是軍隊之中，「管教」概念還是相當盛行的。盛行的「管教」團體，不管是學校或軍隊，都跟樹立權威有關，被管教的對象常有「被動」的特性。管教是被動地除錯，運用外力糾正對象作爲。錯誤的確能讓人成長，但是我們也需要了解究竟是如何成長的。

我們提過，所謂的「學習」，常常不外乎兩種模式的交互運用，一者是理解，一者是練習，你可以讓對方從理智上了解，也可以在活動上給他練習或習慣的時間和空間。糾正錯誤之後如果希望對方能從中學習，那我們至少需要留給他前面這兩種學習的空間。如果「管教」能讓孩子學習，那究竟是透過「哪種」方式？刻板印象中的管教跟這兩者都沒有什麼關係，如果所謂管教能讓對方留有了解與練習的機會，那這樣的糾正是有幫助的。

但如果不是預留學習的空間，而是單單糾正錯誤與展現權力的話，那我們所希望的，不過就是孩子能透過被管教的「恐懼」遠離錯誤。如果我們希望孩子因爲「恐懼」遠離錯誤，那不妨問問自己，依靠「恐懼」究竟學到了多少東西。「恐懼」一般而言，是一種暫時性，而且強烈的情緒，通常不能給出什麼正確的指引，常常來得快、去得急，想想過馬路看到迎面而來車輛的「恐懼」，常會讓人忘了閃避。恐懼不會給予很好的判斷與指引，而且過了馬路不久之後，你可能就把剛剛的恐懼拋諸腦後了。即使在某些特殊的狀況下，恐懼眞的長存於心，但長久不去的恐懼往往不是好事，常常跟心理疾病有關，而不會是種學習。

教育需要長久穩定的發展，所以依賴恐懼不是個好主意。連軍人都講究服從的美德，就表示最後還是需要當事人的自尊與自重，而不單單由恐懼策動。所以我們要注意，管教千萬不要只遺留下恐懼，甚或因在公共的場合執行，遺留下悔恨或遺憾，很少有兒童能從這裡眞的學到什麼。恐懼、悔恨跟遺憾，基本上都是一些不穩定的情緒，而這些不穩定的情緒，絕對是成長與成熟的大敵。

因此我們要說的僅僅是，如果要對教育有意義，那管教需要預留學習空間給孩子。不管是練習的空間，或者是了解的空間，甚或兩者都要，情緒上不穩定對學習毫無益處。接著，讓我們進入下一個「教育活動與權威」的關係。

另一個常被提及的是，教育的推行是否總是需要「權威」？教育本身其實就含有不對等的設計，面對教育者與被教育者之間的不對等，做爲一個教育機構，我們總是希望長久計算下來，孩子要從老師身上學到更多。但若無「權威」，小孩可以不管老師教育者的身分，因而也就無所謂學習，權威對學習來說到底是否必要？

這跟前一個問題不一樣的是，前一段談糾正並留給孩子學習空間的管教，並沒有特別討論這個管教者的身分，可以由「權威」來執行，也可以不用，但身分是否是必要的？學校老師或教育人員，是否必須盡力維持「權威」，才能維持專職教育場所的意義？我們之所以聘請教育者來教導孩子，不就是因爲他們的專長，讓他們成爲教學活動上的權威嗎？

以上想法中隱含了一個對「權威」概念過分簡化的假定，但事實上，可能牽扯進來的概念要比我們想像中的更多。柏拉圖的《遊敘弗倫》中談到「虔敬」時有一個著名的對立值得我們深思，「一件事是因爲他被眾神喜愛，所以他是神聖的，還是因爲他是神聖的，所以被眾神喜愛？」這簡單的問題指出了兩個思考方向，一者是以神聖本身爲中心，另一者是以被眾神喜愛爲中心，兩者其實有很大的不同。選定不同的概念爲出發點，也許在一開始的思考上會有相同的表現，但隨著越來越多因素的考量，很可能就會有不同的結果。

這個問題在教育者的權威上有非常類似的情況發生。作爲教授小孩的教育者，某件事是因爲透過教育者的「教授」，所以它是「正確」的，還是因爲這件事是「正確」的，所以教育者會如此「教授」？

相信大家可以感受到這對立的不同。在這對立中的前者，是一種集中權力式的權威，你可以把前半段的「教授」換成其他詞，比方說「規定」、「制定」，甚至是「相信」，但是整個句子還是表達出非常集權式的想法。但是第二句，「某件事是對的，所以我會如此傳授」，展現出了一種理性的權威與力量，教授者是一個理性的人，而且他以理性爲依規，進行他的工作。

此處我們要強調的是，教育所需要的是一種「理性的權威」，而不是「權威而來的理性」。[1]教育需要的權威是這兩個對立中的後者，而不是前者。教師之所以爲教育者，是因爲他知道什麼是正確的，不是因爲他代表著什麼是正確的。在這種意義下，教育才能成立，事實上，追求理性的權威並不會破壞教育的概念本身，反而是將教育導向更爲正確的道路。

所以透過更深入地思考，我們會發現，「權威」與「管教」都不只是要或不要的問題，怎麼樣的權威、在何種問題上的權威、哪一種的管教、針對什麼問題而來的管教其實都很重要。哲學絕對不是像定義名詞一樣，非得對所有問題找到一個根本不知道標準答案有何意義的答案，而是透過探討，深化我們的思考，讓我們面對問題時有更多的可能性可以參照。

1 這段主要參考馬修斯教授的《童年哲學》中，頁102-110這一段，談論問題的脈絡有些不同，但主要的想法則是由馬修斯的論述延伸而來的。

第三節 兒童問問題與學習哲學的權利

我們接下來討論與兒童哲學直接相關的權利，首先是兒童是否具有問問題的權利？（child's right to inquiry）。班特曼認爲[2]孩童問問題的權利，跟他具有被教育的權利，其實是一致的。既然教育是爲了兒童本身的思考成長，那麼如果兒童連問哪一個答案是正確的權利都沒有，兒童就沒有機會找到正確的解答。所以，如果主張兒童有受教育的權利，就必須同時主張兒童有探問權。

另外，班特曼教授還主張，如果我們主張孩子有問問題的權利，那麼家長與教師就有負擔回答問題的義務。當然，我們必須要注意「語言活動」本身的奧妙，在日常生活中，不見得每個問題都代表了一種探索或探詢，當孩子問「爲什麼一定要洗澡？」、「爲什麼只有我不能去？」、「爲什麼不能先看電視？」，「有時候」，特別是我們明白他明明就知道理由的時候，只是在抒發情緒，或者是尋求安慰。在這種情況下，針對孩子的情緒進行安撫，而不是用理性來探討問題，才是一種良好的互動模式。

但探求問題或探詢問題，不管對象是不是兒童，本來就會有一些倫理上的限制。動物實驗規範的主要適用者不是兒童，而是成人，既然在這些問題上已經有規範，那這些規範本身就會變成學習的目標之一。而我們也應致力於在這些規範下尋找替代的方式去解決原本的疑惑，總之，這些不是兒童探詢問題的特別問題，而是整個人類追求知識的倫理思考問題。

根據前一段的分析，兒童其實應該具有探求問題的權利，這跟他

2 Bertram Bandman'Children's Educational Rights: Part One ', in *M.Lipman (edit)Thinking Children and Education*, pp.27-37

們具有被教育的權利一樣自然，因爲這不過是對同一件事情不同方式的描繪而已。讓我們回到主題，其實大多數人都會贊同兒童具有被教育，以及探求的權利，但是兒童哲學的學習呢？會不會學習哲學已經被排除在探求或被教育的範圍之外了？

兒童哲學所強調思維的主動性，其實就等於孩子對知識的探求本身，兒童哲學重要目的是在鼓勵兒童主動地學習、主動地探求，而這跟前一段所提是同一回事。但鼓勵孩子主動地學習並非兒童哲學所獨具，同樣形式也出現在兒童的科學教育，甚至在兒童的倫理教育活動上。兒童哲學的一個特色是增進兒童對自身思維活動的了解，那麼小孩子是否有權增加自己的思維了解？

用維根斯坦的口吻來說，小孩子是否有權增加，「對自己了解世界之方式」的了解？小孩是否有權更認識自己是如何了解這個世界的？我想所有這項問題的答案都應該是正確的，而且是應該的。我們常常說給孩子一條魚，不如教他自己去釣魚。那麼比起教給他我們認識的事物，我們是如何認識這些事物就會是釣魚的方法。如果我們贊成小孩子具有教育、學習的權利，那麼哲學的內容題材絕對不會與這個目標有所衝突，反而是能幫助與增進學習效率。

因此，其實孩子有學習兒童哲學的權利，而且隨著社會發展的越形複雜，對思維的主動性，以及統整性的需要越來越強烈。兒童哲學教育都能在一般學科最缺乏的這些內容上予以很好的補充。而且探索團體的進行方式也能加強學生的相互理解，在團體中的發言，以及評價思考別人想法的好習慣。這些都是兒童探求問題的工具，能讓他們透過團體溝通學習更多的知識與解決更多的問題。

這正是本章主題所帶來的結論，兒童受教育的權利其實本身就說明了兒童哲學的可行性與重要性。透過適當的時間安排與資源分配，兒童哲學必能帶來很好的學習效果。談教育的篇幅已經進行了三節，下一節，我們要來談兒童的自主權。

第四節 親權與兒童自主權

這部分我們要談的是兒童教育以外的權利，特別是自主權的問題。關於兒童自主權的問題，有三種不同的立場。

第一種立場可溯源霍布斯（Thomas Hobbes，一五八八年至一六七九年）：兒童缺乏理性思考與訂定契約的能力，所以「毫無權利」可言。兒童「隸屬其父母」，可能來自《舊約．聖經》中的絕對權威，父母可對兒童做任何想做的行為，包括殺死兒童。這種立場今日已經相當不盛行，孩童雖然無法直接簽訂契約，但孩童畢竟是社會的重要成員，即使間接地委託他人代為簽訂，我們也需要從社會角度來規範對他們的態度與行為。

第二種立場認為，兒童有受到照顧的權利，卻沒有自主權。兒童有衣食無缺、被照顧以及受到保護的權利，但是沒有決定權（decision-making right）。這個觀點主張的是「家長知道什麼對孩子是最好的」，所以把決定權交在家長手上。與這個立場相關的哲學家為洛克與彌爾（John Stuart Mill，一八〇六～一八七三）。洛克認為家長是兒童的守護者（guardians），兩者之間有「緊密的從屬關係」，就像襁褓中的嬰兒因為過於弱小，需要被照顧，隨著年紀和理性漸長，等到他們可以自己安排自己的生活，此從屬關係就消失了。

第三種立場認為兒童有完全的自主權，甚至認為孩子具有和父母脫離關係的權利。一九九二年美國大選期間，佛羅里達州一個少年法庭審理的案件在新聞媒體上引起軒然大波。[3]葛利金是一名十歲的小男孩，他以自己的名義提出訴訟，申請和親生父母脫離親權關係，改由他的養父母魯斯來收養他。

葛利金幾乎是以英雄的姿態站上原告席以及證人席。他提出母親在過去八年之中，只有八個月跟他生活在一起，甚至有一次在收容所中長達兩年沒有以任何方式聯絡。葛利金的話深深影響了大眾，同時也打贏了這場官司，他放棄了原來的親權，正式由養父母收養，並且改了自己的名字，準備一場新的人生。

第三種立場與第二種立場的對立非常明顯，馬修斯在他的書中以兩個原則來說明這種對立：

> 兒童的問題引出倫理學上的兩個原則，也就是自主原則與親權原則。依照自主原則，理性的人應該能決定自己的事情。依照親權原則，個人的自主可以屈居於為其自身利益所設的限制之下。
> 當我們以自主權來考量兒童問題時，會發生兩個各自獨立，但卻相關的問題：
> 1. 兒童有沒有足夠或正確的理性來決定自己的事情？
> 2. 如果對兒童決定自己事情的能力加以限制，這是否符合他們自己的利益？[4]

馬修斯指出兒童自主權與親權之間的衝突，其實就是第二種跟第三種立場的對立。而他將這個問題歸結爲兒童是否具有「理性」做決定。排開葛利金的例子不談，支持兒童自主權的人一樣可以找出許

3 《童年哲學》，馬修斯著，王靈康譯，頁95。
4 Ibid，頁97。

多案例，或許就在我們的導論中，這些案例中的兒童在理性上或思維上，一點都不輸給成人。讓我們就直接這樣假設，的確有許多的兒童在思維能力上超過成人，當這樣的情況出現時，是否就意味著親權派的思考完全地覆滅？

賴德[5]則認爲，主宰人類社會生活，擔負人類決策活動的顧問，是亞里斯多德所言的「實踐理性」（practical reasoning），而不是「理論理性」，這個實踐理性本身是在生活經驗中慢慢養成的。用更白話一點的方式說，負擔社會關係與自我抉擇的，在人類思考中可能更是與情緒相關的價值系統，而不是主掌理智的思想系統。這個系統的特色在展現個人行事與思維的「穩定度」，生活經驗的累積讓我們的決策慢慢穩定下來，也讓我們的社會關係穩定下來，而穩定的思考慢慢形構出我們的人格。實踐理性的重點不在明智的決策，而在穩定的人格。在這個問題上，兒童由於人生的經驗尚淺，且正處在學習階段，反而容易被環境影響，不容易做出具有穩定長遠特質的判斷。

簡而言之，兒童比成人更容易「受影響」，這點使得我們也需要注意到兒童自主權所帶來的問題，葛利金是不是在誰的影響下做出這樣的判斷？當然這樣的論點並不是支持親權至上，孩童沒有自己的決策能力，而是請大家更注意親權與自主權的對立，所牽涉到的絕對不僅僅是理智思考的問題，或正確與否的問題，我們需要考慮更多一點，包括，這眞的是這個孩子自主做出的決定嗎？這符不符合長遠的利益？他有可能會爲此後悔嗎？這跟他的個性是否相符嗎？

無論如何，葛利金的例子已經顯示我們的社會正在給予孩子越來越多的自主權，可以預期地，未來兒童自主權要求的限制一定會越

5 R.E.Ladd ‘Paternalism and Rationality of the Child ’, in M.Lipman (edit) *Thinking Children and Education*, pp.59-65

來越低。在這樣的趨勢當中，我們能夠希望的也就是盡早培養兒童思考本身的穩定性，包含鼓勵他獨立思考、獨立判斷，讓他有機會了解別人的思考、評價別人的判斷。而這些正是兒童哲學所專注訓練培養的，因此，在親權與自主權對立的態勢下，兒童哲學更是教育活動中需要被注意的一環。

第五節　臺灣教育現場

在臺灣，由於中小學已經在各地廣爲設立，人人接受基本教育權利已經不是問題，相對於此，教育資源的分配問題常成爲爭議焦點。大家的孩子都想擠進少數的明星學校，爲了轉換學區擠破頭，做爲教育現場的反思，這個狀況不可能不注意到。

這個現象背後的原因，其實大家都很清楚，要家長將「望子成龍」與「望女成鳳」的想法完全擱置一邊，完全只注意孩子適性與自由的發展，恐怕曲高和寡，難以實現。但若要教育資源重新洗牌，重頭再來，不但難以在現實中執行，而且重新分配也不代表教育資源就一定會平均。

站在兒童哲學的立場上來思考，會發現其實以上問題背後還有一個根深柢固的想法，那就是我們設想孩子是一個完全被動的學習者，沒有任何的自主性。所以，教育品質的好壞完全取決於分配給孩子的教育資源，可是事實上並非如此。若能有被教育的孩子主動參與，對教育來說恐怕是最關鍵的因素。主動思考的孩子是很耀眼的，因爲他可能會問出老師無法招架的問題，展現出驚人的思維活力，也可能有難以忽視的未來展望。

如果孩子能更主動思考，而且是深入思考，問題就會有不同的發展方向。也因此，鼓勵孩子主動思考，訓練孩子主動思考，增加思考的深度與技巧，本身就是增加孩子競爭力很重要的一環。讓孩子的競爭力增加，在學習中的影響增大，本身也能提供平衡教育資源一個不同的出路與解法。

兒童哲學在這種意義上是需要被推動的，它不只能讓孩子學習更有效率，也能讓有潛力的孩子在資源不均的環境中，繼續生存向上。

第二單元　兒童哲學課程的教材

第二單元開始介紹兒童哲學教學使用的教材。這些教材都是由李普曼原著，而由楊茂秀中譯，再由毛毛蟲兒童哲學基金會出版，供給探索團體閱讀討論使用。李普曼設計的教材有一些共同特色，我們先在整章開始略提，待進入各章節或閱讀實際教材可以再體會與思考。

1. 哲學課程教材的內容都是一個簡單的，而且是發生在現實世界的故事。故事的內容與背景相當寫實，極少有任何魔幻、奇幻甚或歷史改編的成分在內。
2. 故事的主角都是小孩，而且通常是在學校上課的小孩。
3. 不同教材中的人物常有關聯性，例如《哲學教室》的主角陳明宣在《思考舞台》中也以配角登場，湯詩琴出現在《鯨魚與鬼屋》以及《思考舞台》中。
4. 故事常會有個主要事件貫串整場，但情節性不強，主要焦點是人物間的對話，而非發生在他們身上的事件，總而言之故事中的孩子很少遇到嚴重的波折或衝擊事件。
5. 故事中的大人，在故事中都扮演了探索團體同伴的角色，會跟孩子一起思考討論問題並進行討論。

以上這幾項是李普曼兒童哲學教材的特點，哲學界的同好或許會想到哲學界的經典名著柏拉圖的《對話錄》，這也是筆者一開始接觸之時的感想，以下就請各位讀者自行慢慢欣賞了。

第四章　兒童哲學教材討論：《哲學教室》

本章開始我們要進入兒童哲學教材的介紹，本章討論的教材是所有兒童哲學教材的起點：《哲學教室》，以及這本教材所用的教師手冊：《哲學教室教師手冊》。教材本身是一個可以供事先或輪流閱讀的故事，但故事得要引起討論才有用，而教師手冊則列出了許多提供與課本內容相關連的問題或活動，可以供帶領探索團體的人參考使用。除此之外手冊當中也有許多提醒課程帶領者需要注意的原則或問題等。

第一節　《哲學教室》簡介

《哲學教室》之原書為《*Harry Stottlemeier's Discovery*》，直譯即《哈利．史都特麥爾的大發現》，是李普曼在一九七四年完成的第一本兒童哲學教材。這本書敘述主角（中譯本為陳明宣，原文就是 Harry Stottlemeier）在思考問題時發現到邏輯規律，開始對思想活動本身抱有興趣，並通過與同學的交流與討論，在生活中慢慢發現許多關於思想的重要規律，以及有趣的哲學問題。

這本書是兒童哲學的第一本教材，是兒童哲學的經典著作。而一九七六年的中譯本《哲學教室》，更是國內兒童哲學運動中最重要的教材與譯作，楊茂秀老師在《哲學教室》的再版序當中提到：

> 這是世界上第一本專為兒童哲學而作的教材，雖然不是那麼有趣，它的古典性質及兒童哲學之父李普曼博士的苦心與創意——思考最重要的是對思考歷程本身的觀照，而這種觀照的能力及習

慣是要學的，不是別人刻意按設計去教的，它可以也應該在一個思考的社群中浸泡而生——在本書裡表現得有點生澀，但是，很明白很好學，我自己從中學到的「哲學」，比任何其他的哲學著作都多。

《哲學教室》一書在兒童哲學運動中的經典地位我想大家應該不難理解，身爲第一本兒童哲學的教材，用哲學界熟悉的康德（Immanuel Kant，一七二四到一八〇四）的口吻或許可以這樣說，是《哲學教室》使得兒童哲學得以可能。

本書全文十七章，共一百八十七頁，章節長度十分平均，每章故事據筆者觀察約在二千至四千字左右。故事雖然環繞著主角陳明宣，但並非總是以主角爲唯一思索事物角度，故事描述的角度常常切換到其他的同學身上，比方第三章前半談話的是一群女生（其中包含《思考舞台》的主角李莎），後半描述的是唐寧跟他父親的對話，陳明宣在這章僅僅被其他人間接提到而已。

在本書第二單元一開始我們列出了李普曼課程教材的共同特色，做爲第一本兒童哲學教材的《哲學教室》，完全滿足這些條件，或者說根本就是《哲學教室》樹立這些典範：

1. 《哲學教室》是一個發生在現實世界的簡單故事。故事的內容與背景都相當寫實，沒有任何魔幻、奇幻、冒險甚或歷史改編的成分在內。
2. 《哲學教室》的主角都是小孩，而且是在學校上課的小孩。
3. 《哲學教室》的主角陳明宣在《思考舞台》中也以配角登場。
4. 《哲學教室》的主要事件應該是陳明宣的發現，第十七章也以對思想規律的討論告終。

5. 故事中的大人，例如陳爸爸、唐爸爸，在故事中都扮演了探索團體同伴的角色，會跟孩子一起思考討論問題，並進行討論。

前一段是一些教材形式方面的描述，酌供各位參考。至於本書內容所涉及的邏輯與哲學方面的議題，是十分豐富的，楊茂秀在這本書的中譯本序中也曾提到：

> 這本小書分成十七章。從表面上看來，它是一本初級（合於小學程度）的邏輯書，教人增進推論的能力，實際上，除了這一點之外，它的目的在於讓兒童避免過分的獨斷、尊重別人的意見、信任可信任的證據，體驗做抽象思考的過程。這最後一點非常重要，這也是哲學與數學或狹義的邏輯所不同的。

初步而言，我們可以說本書有一條發現邏輯思考的主軸，希望能增進推理或思考能力，在故事所描述的眾多對話中，孩子們都透過理性的思考推求正確的答案，而且十分注意推理中語句或判斷的形式。然而除了這點之外，這本書還展示了理性對話與合作思考的哲學意義與功能，跟一般邏輯課程相比，理性對話這部分反而比推理思考要更爲少見與難得。

或許展示某些有趣的討論要比老是從外緣談這本書在討論什麼好，我們展示並討論一些簡單的片段：

> 同時，他還覺得困惑，他不知道自己錯在哪裡。他開始回憶自己剛才的想法。「所有的行星都繞著太陽運行。」很清楚的，老師這麼說過。這一個長尾巴星也繞太陽運行。那麼，它為什麼不是行星呢？奇怪！

「如果老師的話不錯，那麼，就有些繞太陽運行的東西不是行星。」他自己對自己這麼說：「所有的行星都繞太陽運行，但不是所有繞太陽運行的星皆是行星。」

於是陳明宣有了這麼一個觀念：「句子不可以顛倒。如果把一個句子的第一部分放在最後一部分，把最後一部分放在第一部分，那麼原來真的句子，就不再是真的了。」例如：「所有松樹都是樹。」這個句子顛倒過來就成了：「所有樹都是松樹。」這就不對了。……陳明宣自己得到這個發現，高興地抖起來！[1]

以上就是陳明宣一開始發現的思考規則，這是一個邏輯規則，事實上它就是全稱語句的主詞概念跟謂詞換位會產生無效推論的規則。在短短一段討論中，陳明宣進行了好幾個不同的思考步驟：1.「困惑，設法找出問題」。2.「確認現有資訊爲何」。3.「結合並重述現有的資訊」。4.「發現新規則」。5.「爲發現的規則尋找範例」。當陳明宣在說：「所有的行星都繞太陽運行，但不是所有繞太陽運行的星皆是行星」時，他不過是把老師講的兩句話「連結」在一起看而已，可以光這個簡單連結的觀察，就讓他發現到有趣的規則。

我相信大部分讀者，其實都能從剛剛講的這句話找出前述邏輯規則，雖然講法可能跟陳明宣不一樣。我們欠缺的，不過就是承認困惑跟嘗試解決問題的勇氣而已，有時光是拆散跟結合現有零散的資訊，就足以讓我們產生許多嶄新而且正確的想法了。在《哲學教室》中，孩子們透過大家一起的討論，發現了許多與邏輯有關的分類跟原則，比方說第三章有對語句的分類：

1 《哲學教室》，李普曼著，楊茂秀譯，頁18-19。

然後，他走到黑板旁邊，拿起粉筆，說：「我寫四個句子，但是四句的主詞跟屬詞都一樣。」
所有課是有趣的。
沒有課是有趣的。
有些課是有趣的。
有些課不是有趣的。[2]

這四者其實就是亞里斯多德的三段論證中AEIO四種不同的判斷：

判斷類型	內容	運算式	簡寫
全稱肯定判斷	所有S是P	SAP	A
全稱否定判斷	所有S不是P	SEP	E
特稱肯定判斷	有的S是P	SIP	I
特稱否定判斷	有的S不是P	SOP	O

在後面的章節裡，孩子們更是開始進步到三段論證的「推理活動」本身，可以說《哲學教室》是一本形式邏輯內容較多的教材，我們下一章看到的《靈靈》就沒有這麼多關於形式邏輯的主題，而且在下一節裡，我們會簡單跟各位介紹形式邏輯與非形式邏輯的區分。

但除了邏輯部分之外，《哲學教室》也有許多關於哲學思考，甚至是價值判斷的議題，可以引發討論與深思，舉個例子來說：

「喔，我已經說過了，」齊先生解釋道：「動物的心理與人的心理，只有程度上的差別，所以，我們不能說動物沒有心靈。」

2 Ibid.，頁52。

「可是，我們可以說，人的心靈跟動物的心靈是不同種類的心靈嗎？」齊媛再問，她終於吸了一口柳丁汁。
「是的，我昨晚已經告訴過妳們，人有文化，而動物沒有。」[3]

這段是哲學中有關於「心靈」概念的形上學問題，這個區分是一個饒富趣味，但同時也十分困難的主題，思考者，不論大人或孩子，都很容易在此陷入困惑。如果各位再仔細閱讀這一段的前文，會發現這一段齊爸爸所代表的觀點，是將「有沒有心靈」這種二分法的問題，有技巧地導向「有許多種心靈」這個想法上，而這也與另一位哲學家丹尼特的著作《萬種心靈》中的想法有相互呼應之處。

除了形上學與邏輯的問題之外，《哲學教室》也有關於價值概念的討論議題，而且論理一樣精準犀利，比方說我們看這一段：

黃撫娟的臉有點紅，繼續說下去：「在先進的國家，在日本、香港，我們這裡，不論多好的日子、多好的年頭，總有許多人吃不飽，穿不暖；不論日子多麼不好，年頭多壞，總有許多人，不但有吃有喝，而且過得很奢華。可是我舅舅說，非洲西部不是如此。鬧飢荒時，沒人吃得飽，豐年時，沒有人挨餓。所以妳說說看，到底誰是野蠻人，誰是文明人？」
李莎沉默了。[4]

以上是一段很精彩、有關於價值以及政治問題的哲學思考，限於本文的主題與篇幅我們無法進入細節的討論。但透過這段引文，《哲

3 Ibid.，頁75。
4 Ibid.，頁149-150。

學教室》這本書關注哲學問題的廣度我想大家已經有初步的了解，而且透過這種故事方式的描述法，會更容易讓孩子去思考支持或反對的理由，相對於直接提出某個理論或引文，可能會更多地對孩子發展思考有所幫助。

教材到手了，應如何才能眞正披掛上陣使用呢？李普曼教授有一個提供大家參考的正面使用介紹，這寫在《哲學教室教師手冊》的序言之中：

1. 詢問學生對故事的了解度，或試著用每章前面的問題引導學生了解故事。
2. 將章節的主旨寫在黑板上。
3. 將學生的想法寫在黑板上。
4. 將想法適當分類。
5. 順著學生的興趣進行討論並發展思想。
6. 當切入重要議題時，適時帶入練習。
7. 可以跳過一些引導觀念，不需要依序全部學完。[5]

以上是一個很簡單的，大致上建議用這本教材做說明，而不是當作「標準作業程序」，這點非常重要，我們下一節有簡短的討論。爲了讓大家安心上陣，李普曼設計了更詳細的教學手冊，以供實際帶領課程老師參考之用，我們接下來就切換視角到這一本教材的使用手冊來看看。

5 《哲學教室教師手冊》，李普曼著，楊茂秀譯，頁ii-iii。

第二節 《哲學教室教師手冊》序言

《哲學教室》本身與《哲學教室教師手冊》都是開啓兒童哲學的鑰匙。《哲學教室教師手冊》本身也是李普曼的著作之一，在這本書的中文版再版序中曾提到：

> 這本教師手冊是IAPC出的第一本，它不只是告訴教師怎麼做，提供很多可能出現的問題，建議了很多練習，為重要的哲學觀念作簡要提示，給哲學背景不夠的人一些可供攀附的支持，給已經有哲學背景的人一些提示。

不管有沒有哲學背景，我想兒童哲學都是一個新奇有趣的領域，因此需要一些導航。在《哲學教室教師手冊》的一開始，有一段本手冊使用的建議，讓我們更清楚地看到，李普曼設計《哲學教室》一書作爲兒童哲學教材的理念。在這段使用建議中，首先出場的不是如何使用的步驟或標準程序，而是指出使用此手冊時你不應該作的事。

> 這裡是一些你應該避免的事。雖然偶爾做了其中任何一樣，也不會是什麼大災難。但你會發現，如果持續犯了這些事項的各種組合，會讓你無法成功地實行課程。其中某些項目，因為包含更多的範圍跟內容，比起其他項目來說，更是嚴重的缺失，但你可以成功避免他們，[6]

6 Ibid.，頁i。

這裡有個理念上的議題要特別注意到，《哲學教室教師手冊》在一開始花了很多時間在強調不應該做的事，而沒有直接說應該做什麼，是因爲「應該做什麼」是一件蠻困難的事。許多人也許期待，李普曼會寫出一些簡單清楚的步驟，讓我們能照手冊簡易操作，李普曼很明顯地不認同這一點，就連前一段我們提到的這些步驟，也只是初步的描繪，而不是標準操作程序：

> 但是要精確地告訴老師什麼是對的更難。因為教學本身是一種藝術，需要敏銳、分別、判斷、協調、組織以及對孩子的尊重，沒有簡便的教學方法，正如同沒有簡便的方法可以指揮樂團，指導足球隊或指引一齣戲劇[7]。

這點我們需要隨時提醒自身，沒有一個簡單的程序，可以讓我們「生產」或複製大量具有良好思考習慣的孩子，因爲孩子不是爲了複製我們的思考而存在的。讓我們回到錯誤使用的討論上，即使對的方法並沒有一定，但一些「錯誤」肯定是需要避免的。李普曼所提出的建議「不要做的事項」，並不是完全具有一樣的重要性，甚至你也可以看到有些注意事項之間有很深的關聯。但是至少它們構成的是一個大致上不會有矛盾衝突的整體。以下就是這二十五個注意事項：

要留心不要做的事包括：

1. 強迫學生依照教師手冊上主要觀念的順序，而非以學生的興趣為主。

7 Ibid.，頁ii。

2. 以演說的方式來介紹每一個哲學概念，而不是讓他們理論性的解讀。
3. 允許他們在較不重要的議題上坐擁長的討論，而忽略了章節中更具實質性的主題。
4. 未能成功地藉由練習來增進哲學概念。
5. 未能鼓勵學生基於彼此的觀點上來累積建立。
6. 不試著讓學生了解到他們所說的話裡頭的暗示。
7. 不試著讓學生去注意他們自己的假設。
8. 不鼓勵學生去發現理由以證明他的信念。
9. 堅持所有的評與意見都是針對你。
10. 打壓學生使他們不彼此談話。
11. 不傾聽學生說些什麼，因此也助長學生不去聽彼此說話的習氣。
12. 不對學生顯示他們說的話讓你思考。
13. 假設自己必須主導學生的討論。
14. 堅持學生對於一個問題要一直討論到找到解答為止。
15. 使用本手冊中的練習，而不實際示範這些練習如何與書中的主題或情節有關連。
16. 堅持你個人的觀點，不鼓勵學生自己去思考。
17. 獨裁專斷地操作對話。
18. 高估了形式邏輯的重要性，而作過度的練習。
19. 對學生不耐煩，當他們想去挖掘，他們認為他們所看到的小說中潛藏的意涵。
20. 只把手冊當作回家作業來使用，犧牲了課堂中的對話討論。
21. 操弄討論以致於讓你個人的觀點成為最理所當然的。
22. 將課程時間變成團體治療時間，

23. 鼓勵學生，認為他們可以以投票方式來解決哲學問題。
24. 強調課程中情緒的部分而忽略了認知層面。
25. 強調課程中認知的部分而忽略了情緒層面。

其實我們可以把以上二十五個注意事項進行初步的分類。我們分爲兩類，第一類是有關於課程進行的「方式」，或者說「形式」，從可以觀察到的活動形式上，李普曼有十三點要求：

2. 以演說的方式來介紹每一個哲學概念，而不是讓他們的理論性的解讀，從對話中自然地顯露出來。
4. 未能成功地藉由練習來增進哲學概念。
9. 堅持所有的評語意見都是針對你。
10. 打壓學生使他們不彼此談話。
13. 假設自己必須主導學生的討論。
15. 使用本手冊中的練習，而不實際示範這些練習如何與書中的主題或情節有關連。
16. 堅持你個人的觀點，而不鼓勵學生自己去思考。
17. 獨裁專斷地操作對話。
18. 高估了形式邏輯的重要性，而作過度的練習。
20. 只把手冊當作回家作業來使用，犧牲了課堂中的對話討論。
21. 操弄討論以致於讓你個人的觀點成為最理所當然的。
22. 將課程時間變成團體治療時間。
23. 鼓勵學生，認為他們可以以投票方式來解決哲學問題。

這些要點呈顯出來的，是要求老師不要把自己的觀點以演說、強壓或辯論的方式來灌輸給學生。課程進行方式應以討論、練習等活動爲主，而且老師也不可以獨斷地主導討論跟批評的目標，犧牲課堂中實際的交流跟練習。第二十三點是比較獨特的一點，李普曼似乎有些排斥課堂中的投票活動，而我認爲這一點可以在本章的第三節中進行討論。

除了課程進行的形式之外，還有「內容」上的問題[8]，意思是老師即使讓學生進行討論與練習，對於討論實際的內容還是有一些需要注意的事項，才能使練習與討論不致流於形式，甚至能有更具深度的發展。以下十二點是有關於內容的要求。

1. 強迫學生依照教師手冊上主要觀念的順序，而非以學生的興趣為主。
3. 允許他們在較不重要的議題上坐擁長的討論，而忽略了章節中更具實質性的主題。
5. 未能鼓勵學生基於彼此的觀點上來累積建立。
6. 不試著讓學生了解到他們所說的話裡頭的暗示。
7. 不試著讓學生去注意他們自己的假設。
8. 不鼓勵學生去發現理由以證明他的信念。
11. 不傾聽學生說些什麼，因此也助長學生不去聽彼此說話的習氣。
12. 不對學生顯示他們說的話讓你思考。
14. 堅持學生對於一個問題要一直討論到找到解答為止。
19. 對學生不耐煩，當他們想去挖掘，他們認為他們看到的小說

8 或許有些讀者會覺得，依照筆者的界定，某些選項其實還蠻模糊的，但這是因為這裡所謂的「形式」與「內容」並非截然二分的不同層面，我們只是盡力透過初步的分類，讓讀者有更好理解的空間，並非嚴格學術意義上的區分。

中潛藏的意涵。

24. 強調課程中情緒的部分而忽略了認知層面。

25. 強調課程中認知的部分而忽略了情緒層面。

以上這十二點是要求帶領的老師，除了課程以討論方式進行之外，也要求老師盡量按著學生的興趣進行，試著讓學生討論中提出自己的理由，反省自己的假設，傾聽並了解對方的觀點，並且要情緒與認知並重。教師必須設法維持一個討論應有的秩序、邏輯以及參與的興趣。

其實這當中有部分選項很可能在某些具體情況中衝突，但不是非衝突不可。比方說1.跟3.很可能衝突，當學生討論的興趣總是在一些不重要的問題上打轉的時候，這時老師應該制止他們，還是應該繼續遵照以學生的興趣爲主呢？但這個問題並沒有非得二擇一不可的答案，我想老師應該要視情況與情節輕重來做出實際的決定，而不是事先非得在兩者中做出斷定。

另外，有些衝突老師還必須更具藝術的使用，比方說如何在第13.點的原則下，不主導學生的談話，同時又要兼顧第6.到8.點，就是讓學生發現他所說的話的暗示、假設以及理由。筆者並非意指這有個需要解決的矛盾，而是這裡可能的衝突，跟前一個例子一樣，都需要老師視實際情況而定。

而且更重要的是李普曼提到，這些規則偶爾觸犯了也不會有非常嚴重的影響，只是不要讓它無限制惡化就好。

一些由正面描述的教學要點，我們在第一節最末一段都已經引文過了，這裡就不進行討論了。序言最後，李普曼也鼓勵使用手冊的老師發展自己的風格，不需要完全照抄原來的設計、風格與方式，畢竟我們希望培養的是孩子個人獨立的思考，因此，一些個人色彩最濃厚的老師也可能是最成功的老師。

第三節　《哲學教室》與其教師手冊內容簡介

特別注意，《哲學教室》是以故事編寫的，對象設定爲兒童，但書中所提到許多哲學問題，其實連成人也會感到興趣。《哲學教室教師手冊》原文的「章」並沒有分節，章目下也沒有副標題，但手冊中有記載章名，我們就以手冊中的章名進行介紹，全文十七章分別如下：

第一章　陳明宣的發現
第二章　好好石頭的一課
第三章　思想是什麼？
第四章　世界上最有趣的事物
第五章　晴空裡的小白帆
第六章　你的心在哪裡
第七章　程度上的差別
第八章　他們在想什麼呢？
第九章　向國旗敬禮
第十章　自己選擇
第十一章　大家都在想
第十二章　陸哲雄的車禍
第十三章　靜夜對語
第十四章　湯詩琴與姚安娜

第十五章　爸爸為什麼抽菸
第十六章　唐寧為什麼遲到
第十七章　飛離洞穴的思想

因此我們就以第一章爲例，瀏覽《哲學教室》的手冊所載的討論內容。

《哲學教室教師手冊》每章可以分爲三部分：整章前的討論問題、故事中各個引導觀念以及相對於每個引導觀念的練習、活動或討論計畫。整章前的討論問題是一些關於故事內容的問題，用來供教師在學生沒準備好問題的時候使用。以下是第一章討論問題的前八題：

如果你的學生沒準備好提出他們自己的問題，你可以拿下列問題跟他們談，讓大家討論。

1. 描述第一章裡，陳明宣、李莎、陳明宣母親三個人的感受？
2. 你會用一句話來描述這一章裡的人物嗎？
3. 你認為陳明宣與李莎是朋友嗎？你怎麼知道？
4. 陳明宣回答老師的問題：每七十七年繞太陽一圈、後邊拖著長長的尾巴，那是什麼星星？他答錯了，他說那是行星，他錯在哪裡？
5. 你認為陳明宣為什麼在上自然課時，做起白日夢來。
6. 你想想規則到底是什麼？
7. 陳明宣發現的規則是什麼？
8. 李莎說了什麼使陳明宣對自己的規則失去信心？李莎與陳明宣如何解決那個問題？[9]

9 Ibid.，頁3。

以上共有十八個問題從對故事內容的討論慢慢開始帶領，從一開始單單對故事內容的認知，慢慢發展到孩子自身對故事中人的想法、理由的評價。

經過類似於整章引文的討論問題之後，便進入每一章節的「引導觀念」。「引導觀念」算是使用手冊的正文部分。注意，引導觀念是複數的，每一章都有一個以上的引導觀念，以下九個是第一章的引導概念。

1. 探索的歷程
2. 發現與發明
3. 什麼是思考？
4. 邏輯述句的結構
5. 主詞與述詞的互換
6. 規則的例外：對等述句
7. 倒句規則如何應用於以「沒有」為句首的句子。
8. 陳明宣將他發現的規則應用於實際生活中。
9. 怨憤
10. 真理

在引導觀念中的討論中，會以一個簡短的介紹開場，此介紹點出這一段討論當中值得討論的核心觀念是什麼，通常還會增加一些對教師的叮囑，比方說第一章引導觀念第二當中就有這樣的說明：

這一章提供給你的學生討論「發明與發現的區別」之機會……事實上教育應該做的是，提醒學生：每一位小朋友都有這種情緒與奮的經驗。[10]

這部分的解說大致上只是提點老師「問題在哪裡」，事實上，真正重要的是每個引導概念之後都有一些練習與活動，這些練習與活動是討論或活動的主體。比方說緊接著剛剛那段解說之後，就是以下的練習：

練習：發明與發現

第I部分：

分辨下列語句，決定其所述的是發明或發現。

1. 哥倫布找到美洲。
2. 劉大看到周小丟掉的那本書躺在地上。
3. 鄧蓮想出一種新的跳繩遊戲。
4. 一個科學家做研究，找出人體的細胞是如何變成癌細胞的。
5. 有個家庭設計出一種新的餵狗方式，當家裡人不在的時候，只要到餵狗的時候便會自動地餵食。[11]

練習基本上是屬於個人的部分，學生應該可以自行完成這些練習，當然對於概念上較困難的題目，與同學的討論交流並不是被排斥的，只要不是以抄襲了事的方式就好。以下是一個比較困難的練習，這個練習前面還有一小段的範例跟解說：

10 Ibid.，頁ii-iii。
11 Ibid.，頁5。

練習：論真理[12]

要求你的學生做下列的練習，而且試一試幫助他們在討論中得到真理的一般判準。因為倒句規則只適用於真值為真的句子，所以你的學生可能需要做一些練習，練習分辨真值為真的句子與真值為假的句子，大致上來說有兩種理由可以用來支持一個句子的真值為真。

1. 依據定義而言

(1)沒有一元新臺幣是圓形鎳幣。

(2)沒有正方形是圓形。

(3)有些狗是捲毛獅子狗

(4)所有的省長是該省的行政首長。

2. 依據證據而言

(1)火東常是有破壞性的。

(2)小貓往往喜歡吃魚。

(3)阿拉斯加的冬天通常很冷。

(4)所有的恐龍都絕跡了。

I.分類下列各述句：

語句	真	假	理由
1. 消防隊員通常是勇敢的。	□	□	______
2. 每個圓圈是圓的。	□	□	______
3. 所有蘋果是蔬菜。	□	□	______
4. 所有馬鈴薯是蔬菜。	□	□	______

12 Ibid.，頁18。

5. 貓往往喜歡吃魚。 □ □ ________
6. 許多橋是金屬做的。 □ □ ________
7. 沒有磚是泥土做的。 □ □ ________
8. 火總是可以燒紙。 □ □ ________
9. 沒有火星人是人。 □ □ ________
10. 永遠有個明天。 □ □ ________

除了以上比較偏個人性的練習，活動中也包括了團體進行的討論計畫或遊戲活動，比方說以下兩個例子：

討論計畫：思考的歷程

1. 你能記得去年現在的這一分鐘，你在做什麼嗎？
2. 在你的生命中，你最初的記憶是哪一件事？
3. 有沒有哪個記憶是你忘不了的？
4. 你有沒有想過為什麼你記得某一件事？
5. 你比較喜歡想像或記憶？
6. 在過去二十四小時裡，你在想些什麼？
7. 你有沒有想過你為什麼思想？
8. 在這一刻，就是現在，你在想些什麼？
9. 你有沒有一個最喜歡的念頭？
10. 你得思考是黑白的，還是彩色的？
11. 你能不能將思考像鐘錶或句子一樣拆下來？
12. 當你不愉快時，你的思想也不愉快嗎？
13. 你有沒有想過你自己的思考？
14. 就在這一秒鐘，就在現在，你能不能完全停止思考？
15. 你熟睡時你在思考嗎？或者是只有在你醒的時候，才在思考？

16. 什麼時候思考比較容易？考試的時候？洗澡的時候？
17. 你是不是有時候同時不只想一件事？
18. 你的思考會不會有時像一連串的火車廂在你心裡駛過去？
19. 心裡有個思想，和思考作用有分別嗎？
20. 你喜歡閱讀有關閱讀的東西，寫有關寫作的東西，或思考有關思考的東西嗎？

老師請注意：這個練習是為了幫助你的學生發展他們的反省思考能力——思考他們自己的思想，這些習題依序是先提醒他們的思想，然後鼓勵他們思考他們的思想。所以你問問題的時候請按順序，這一點非常重要。請記住，你的學生通常思考也是反省式的，只是他們不自覺罷了。此一練習的目的在於增進他們這種反省思考的能力，並不在於教他們什麼新的思考方式。

後面注意事項這一小塊文字又是對序言的精神再一次耳提面命。另外我們再看兩個團體遊戲的例子：

通常學生不大願意發問，即使最有思想的學生也不大願意，可是對於有些活動，你可能希望他們參與，而這些活動要參與的人可能需要發問。

(一) 在班上宣布明天有一個著名的人要來接受班上的訪問，每一個人需要準備一個問題，你可以預測說是馬克吐溫或是諸葛亮、孫悟空、豬八戒、司馬光。不論你選的是誰，你都要能夠在第二天提出來時讓他們覺得意外。你還可以把這個訪問設計地充滿舞臺效果，像電視分秒必爭一般的機智問答。

(二) 準備許多小紙條，在每一小紙條上寫上批判的思考問題，然

> 後折疊起來，讓每一個小朋友選一張，在適當的時機，按照紙條上的問題發問。底下是幾個批判性思考的例子：什麼理由使你這麼說？你怎麼知道？你所假定的是什麼？你剛才那句話是什麼意思？從你剛才所說的，可以得到什麼結論？你的信念是根據什麼事實而來的？你有沒有什麼權威性的人物可供引證或支持你的觀點？[13]

總而言之，教師需要透過活動與討論來帶領課程，而不是只以演講教授了事。更多的故事或練習可以依照實際的教學活動而設計，只有這些活動能在不偏離主題的情況下，讓學生感到興趣即可（當然，安全第一）。

最後，在每章的最後有一個教師自我評量，以下是第一章的教師自我評量：

> 教師在第一次上課之前，請閱讀下列幾個問題。上完課之後，再依下列問題做適當的評量。
>
> 1. 你的學生是否全都了解倒句規則？
> 2. 你的每一位學生都自己造以「所有」及「沒有」為句首，而且真值為真的語句，以觀察他們是否符合規則嗎？
> 3. 所有你的學生都了解陳明宣與李莎發現之規則，如何應用於翁太太的言談嗎？
> 4. 上課時有沒有討論？
>
>   (1)誰參加了討論？

---

13 Ibid，頁10。

(2)誰沒有參加討論？

(3)教師應如何使那些沒參與的人參加？

(4)教師有沒有鼓勵同學們，為自己的主張提出理由？[14]

這些供教師思考反省的評量主旨都與之前所提到的注意事項相契合，筆者就不再多進行枝節的討論。總而言之，在兒童哲學課程的進行中，教師往往比學生更需要反省與思考。

第四節　教育現場反思

目前爲止我們已經對李普曼的《哲學教室》一書及其手冊做了完整的介紹與討論，毛毛蟲兒童哲學基金會已經不只一次舉辦兒童哲學閱讀活動，也將這些活動的成果公開討論，以下僅是一些從這些報告以及綠巨人計畫中獲得的想法與省思，跟大家一起討論分享。

在兒童哲學課程的實際帶領中，姑且不論其理念與長遠的效果爲何，首先要面對的恐怕是孩子的「秩序」以及「注意力」的問題。作爲不同於一般課程的活動，特別是鼓勵孩子自發性的課程，孩子在課堂上很可能會因爲興奮而展現各種誇張、擾亂或破壞秩序的行爲，在桃源國小的綠巨人計畫就出現過因興奮難以維持秩序的孩童。此外，討論的內容多半是無背景的文字與對話，若沒有豐富的經驗，對於孩子來說很可能引不起注意力與興趣，而這也可能衍生出對探索團體討論規則的破壞。

14 Ibid.，頁20。

這是一個十分困難的問題，因爲兒童哲學的精神是理性的，而且特別是反權威式的，所以對秩序維持須要靠手腕而不是拳頭。經過大家集思廣益的討論之後，列出了以下四點，可以是未來在進行兒童哲學實際教學課程時，或者編寫兒童哲學教材時，在資源許可的情況下，往好的方面去進行的細節事項。

1. 討論的故事可以更短：《哲學教室》的每一章節若依照現今的篇幅，很難在半小時內完成完整的討論，篇幅太長，孩子的注意力維持也有限。《貓人》的篇幅就短得多，在更小的孩子身上，應該會有更好的效果。許多哲學論證本身就很短（例如瑟爾的中文房間的論證），高年級的學生甚至可以直接使用。
2. 帶領的老師可以更多位：老師增加不只可以安定教室的秩序，更重要的是兩個老師之間的對話與討論，可以做爲理性溝通與合作思考極好的範例。因此兩個老師帶領的課程，效果很可能超出一個老師兩倍以上。
3. 可以增加進入討論之前的活動：許多孩子在剛進入教室時很難安靜下來，若有一些簡單的活動，不管是動作或遊戲，都可以很快地讓他先消耗一下活動力，也可以增加他們的興趣，以及縮短與孩子之間的距離。在本書的第九章有暖身活動的介紹與討論。
4. 增加多媒體類的教材：其實許多電影內容或圖書內容也有許多深富哲理的情節或片段，多媒體教材能在短時間內聚焦孩子的注意力，留下深刻的印象，如果課程的時間夠長，能輔以看完之後的討論，相信會是很有趣也會很令人快樂的。

總而言之，要讓課程進行地順利，需要兼顧教材的內涵與趣味性。這點恐怕是以「寓教於樂」爲目標的兒童哲學課程最大的挑戰。

第五章　《靈靈》與《靈靈教師手冊》

第一節　《靈靈》的由來

本章討論的教材「*Pixie*」是李普曼所著，在一九八一年由IAPC出版，設計給小學三、四年級的學生閱讀使用的兒童哲學教材，這本教材雖然設計閱讀對象的年紀較小，但卻是較晚問世的作品，李普曼在第一本《哲學教室》之後將近十年，才出了這本教材，從時間形式上看來，這應是一本深思熟慮的兒童哲學教材。

國內方面，楊茂秀所譯，於一九九六年由毛毛蟲兒童哲學基金會出版了中文譯本：《靈靈》，爲了方便該年齡的小朋友閱讀方便，全文均附有注音符號。另外，《靈靈教師手冊》於二○○八年由鄭瑞玲老師翻譯並出版，兩位教授又爲兒童哲學的翻譯著作再添上重要的一筆。

這本哲學教材的名字一開始就能引起人的興趣。在《靈靈教師手冊》第一章第一節裡，稍微提到了《靈靈》一書的名字由來。Pixie是英國西南一部民間傳說裡一個淘氣、喜歡惡作劇的精靈，而且該字詞在希臘文中指的是人類的心智或靈魂。而名爲Pixie的本書主角，是一個淘氣卻有著聰明敏銳思維的小女孩。她喜歡說故事，喜歡說話，會嘲弄自己，能反省錯誤，也有可愛的脾氣。楊教授翻譯的「靈靈」二字，在中文來說也是一個可愛而且有靈氣的女生名字，可以說是非常優美的翻譯。

《靈靈》一書十一章，共九十五頁，比起《哲學教室》，是比較短的作品。整個故事主要是以靈靈參觀野生動物園，並且要編一個故事這個情節爲主軸，中間加入靈靈與同學、老師以及家人的對話，產生的各種哲學元素與思考。套我們前一章的講法，靈靈也是十分符合李普曼故事的風格：

1. 《靈靈》是一個發生在現實世界的簡單故事。故事的內容與背景都相當寫實，沒有魔幻、奇幻、的成分在內。但最後有一段由同學說出的神話敘述，或許是靈靈有趣點之一。
2. 《靈靈》的主角都是小孩，而且是在學校上課的小孩。
3. 《靈靈》的主要事件應該是靈靈說故事的故事，最後以同學重述靈靈的故事結尾
4. 故事中的大人，例如默立根老師，在故事中都扮演了探索團體同伴的角色，會跟孩子一起思考討論問題並進行討論。

唯一最不符合的，是靈靈的主角目前似乎沒在其他書出現過，但這只是一個故事安排的策略，我們就不在此多著墨。首先我們需要順著對《靈靈》的簡介，介紹兩個李普曼的重要兒童哲學理念（後者格外重要）。《靈靈》是李普曼設計爲接近小學三、四年級的學生閱讀使用的兒童哲學教材，除了閱讀之外，這個教材也可以提供爲兒童戲劇的劇本，在《靈靈教師手冊》中李普曼提到：

> 一如其他的兒童兒童哲學課程一樣，靈靈課程含有很豐富的哲學觀念，不只可供兒童討論，也可排演，編為戲劇。此課程的順序基本上只是閱讀層次的問題。閱讀的層次大概相當於三、四年級的程度。哲學觀念卻並沒有不同年齡之差異順序。[1]

簡短三行文字提到兩個重要概念。一是兒童哲學的觀念也可由其他形式呈現，這是在原來的《哲學教室》中尚未提及的。但也由此可

1 《靈靈教師手冊》，李普曼著，鄭瑞玲譯，頁iii。

見，李普曼在這數年間推展的兒童哲學應該十分成功，已經吸引了不同領域的人，一起來了解推廣兒童哲學的理念。由此我們也可進一步推論，除了戲劇活動之外，在資訊發達的現代，透過多媒體、漫畫甚至遊戲的方式來呈現兒童哲學的課程，也是很好的方式。

另一個值得注意的是最後兩句，《靈靈》這本書是設計給小學三、四年級的孩子「閱讀」使用，請注意，關鍵字是「閱讀」，李普曼特別強調這並非僅小三、小四的兒童專門使用的哲學教材。本書中文譯者楊茂秀曾提到：

> 所以我在臺灣做實驗的時候，便將《靈靈》用在幼稚園，幼稚園的小孩不識字，所以我用念的，然後跟他們討論……

這個實驗正如李普曼所言，只要以「念書」的方式，或許更小的孩子也能透過此方式加入討論。教材設計給小三、小四的學生「閱讀」，是因爲閱讀能力的考量，而不是因爲這個階段的兒童才能了解這些哲學問題，不同年齡並不限制哲學討論的能力，哲學並不是因年齡階段一一開放討論的。

馬修斯曾在《童年哲學》中，反駁皮亞傑的觀點時，也有過類似的論述：

> 哲學家能說的，不是「如果您的女兒正常，那麼她在五歲的時候應該會關心外在世界的問題」、或者「依令郎正常發展，應該在七歲的時候專注於歸納法問題」諸如此類的話。[2]

2 《童年哲學》，馬修斯著，王靈康譯，頁53。

馬修斯也極力強調，哲學問題不是依照「階段」開放的，哲學問題來自於對自身思考的深度化追求，以及在此過程中產生的困惑，而不是年紀的問題，思考是透過對錯誤與困惑的消除慢慢發展。我們可以參照一個模型幫助我們更深刻地體會孩子在某些年齡容易感受到的問題，或許還有文化與環境的因素，但是，我們不能把孩子的思想規定成這樣，因爲那根本不是他自身思考的發展。思考需要的是自身的發展，不是吃藥。

既然哲學問題或哲學思考不分年紀，那這樣是否代表，我們對所有年紀的孩子進行哲學討論或哲學課程，都「沒有任何的差異呢」？也並非如此，在對更小的學生進行教學的時候，相對於內容上的平等，有一些我們需要注意的「形式上」的顧慮，李普曼就提到：

> 對於幼年期的學生，你需要十分保留你的哲學觀點，因為幼童極易受到影響，往往會把你採取的思考立場當作絕對的真理。換言之，你灌輸你自己的觀點給在幼年期的兒童所帶來的危險比在其他任何時期要來得大。[3]

以上提醒的仍然是針對教師「不應該」以教導代替引導，以講授代替鼓勵。我們要放在心上的是，這一點對於越小的孩子，越不容易做到。

不管是在《靈靈教師手冊》還是《哲學教室教師手冊》中，李普曼都不厭其煩地一再提醒，千萬不可以直接灌輸兒童哲學的概念，而是要引導、誘發、幫助他們開始自己的思考與探索。

3 同註1，頁iii。

> 哲學始於好奇，而這些兒童是初學者；因此你該做的事是幫助他們產生好奇。如果你為他們提供答案（即使是你所相信的答案），你就截斷了他們的探索，截斷了他們的好奇，你就中止了討論，你就違背了這個課程的目的。提供答案與有效的教學法並不相關。

老師使用《靈靈》進行課程，必須極力使用討論的方式，比方說請同學讀一小段，然後詢問他對這樣的故事有什麼感想。要盡可能鼓勵學生發言，並且請他們依照自己的想法發言。老師要問學生對哪些部分感到興趣，並且盡可能地解釋這些部分的趣味或理由是什麼。

一旦學生開啓了討論，就可以順著學生的話題，盡可能地開啓並維持討論。老師的工作是幫助這些學生能夠彼此傾聽、交談、互動、討論。學生之間的對話才是課堂的主角。這是一個相當困難的課程，對老師的要求相當大，但李普曼堅持：

> 只有去騎，才學得會騎腳踏車。同樣的，靈靈課程的假設是：要學會哲學思考，要精通思考技巧，只有去練習，而不是聽老師談論。[4]

第二節　三個《靈靈》的段落

第一節最後這段文字也提醒筆者，不要一直隔空談如何騎腳踏

---

4 Ibid，頁xiii。

車了，我們直接看一、兩段《靈靈》的內容，帶領大家一起進入《靈靈》的思考：

「墨老師，」我說：「什麼是關係？」他長長地「嗯」了一聲，才接著說：「我想你可以叫它關聯。這樣好了，我們也許該問問看同學們，關係是什麼？」
尹珊說：「家庭關係。那是指同一個家庭裡的人彼此的關聯。譬如，有幾個人彼此是姊妹，姊妹便是她們之間的關係。」
賴順弟說：「數目有關係。一個數目比另一個數目大，也可以比別的數目小，或者兩個數字一樣大。」
「不可能有兩個數字一樣大。」秦達說：「那就是同一個數字了。」[5]

這是一個非常聰明而且鋒銳的回應，數目字的同一與不同一，的確可以用大小來確定。秦達的回應非常清楚且嚴謹，他特別注意到「兩個」這個關鍵字，誤用兩個字與一個字的確是會在無意見造成我們哲學困惑的問題。比方說當我們面臨兩個一定會一起產生的問題，我們面對的究竟是一個問題，還是兩個問題？

以下這段也是一段很精彩的討論：

倪二向大家解釋他的直升機模型：「每一部分都和真的一樣，完全一樣。」
「只是比較小。」湯敉補充說。

5 《靈靈》，李普曼著，楊茂秀譯，頁33。

「對！」倪二說：「只是比較小。」

尹珊說：「零件都一樣，而且各部分關係也一樣，所以我們才說它是『模型』啊！」

紀嵐亭皺皺眉頭，說：「小孩比大人小。小孩是大人的模型嗎？小孩身體的每一部分都和大人一樣，而且每一部分彼此之間的關係也一樣喔！」[6]

這段談話中，孩子的反擊恐怕連一般大人也難以在一時半刻想出恰當的回應。我們通常把某個東西稱爲是另一個東西的模型，因爲這兩個東西是不同類的東西。比方說，房子的模型是用塑膠做的，模型基本上是一種裝飾，而房子本身是不動產；直升機本身是交通工具，模型則是擺設或玩具；相較於地形，地圖只是一張紙；人體模型也是用塑膠做的，甚至有非實體的電腦模型。

同種類東西的大小有別，結構構造也相似，但我們不會稱小的是大的模型，是因爲它本身就是「實物」：模型出現在實物難以出現之所，但小實物本身就是實物。紀嵐亭的回應非常準確地抓住了，我們稱某物是另一物的模型，絕對不只是因爲大小跟相似程度而已。

前兩個例子，是比較偏推理與思考部分，我們來看最後一個比較富詩意的片段例子：

頑皮豹：對了！這個龍捲風比那個馬達還要厲害！把人捲起來，轉一轉，就把人的心靈和身體分開了。

帕派：那不是很痛嗎？那不是完了嗎？我不敢想像。人的心靈離

---

6 Ibid.，頁41。

開身體，身體沒有心靈，要怎麼辦？後來怎樣了？

頑皮豹：後來，身體到處找他們的心靈，心靈到處找他們的身體。可是錯誤不斷發生。許多心靈跟身體結合在一起，卻不適合。所以它們不斷地爭吵、打架，只好分開，重新去找。

帕派：有沒有找到彼此適合的？[7]

這段小故事是《靈靈》故事中人講的故事。這是一個很有趣，改編自柏拉圖著作中的神話，故事寓意非常深遠。各位是否有過，感覺自己的心靈對不上身體，或身體對不上心靈？是否有與別人心靈相通的感覺？如果關聯到愛情，意境又更深遠了。

筆者認為以上三段應該能展現《靈靈》富含豐富的哲學論題，非常適合大家一起投入討論。雖然以輕鬆的故事進行，但理解與討論可不見得是輕鬆的。剩下篇幅的閱讀，就留給讀者自行享用。

第三節　教材主題與特色

這一節我們要來討論《靈靈》不同於《哲學教室》的特色。根據筆者的觀察，相比於《哲學教室》，《靈靈》是一本更致力於「平衡」孩子的「理性」與「情緒」兩面向發展的哲學教材。李普曼在這本教材中刻意突出「推理」與「意義」兩個不同的面向，並致力於論證它們之間的關連。

7 Ibid.，頁79-80。

> 因此，推理的技巧與意義的獲得是相關的。兒童越能純熟地推論、辨認關係、做區分與連結，下定義和問問題的話，他們從經驗中提煉出的整體意義就越豐富。[8]

推理與意義兩者直接關連到孩子的「理性」與「情緒」這兩個不同的面向：推理是理性的核心特質，而獲得意義也是情緒發展最重要的特點。李普曼在這本教材中更注意「整合性」的發展，不過在他的教材設計中，似乎仍是以推理能力的增進爲主導，強化跟情緒比較相關的獲得意義之能力。因此，關於意義先稍後討論，我們先回到推理問題上。楊茂秀爲《靈靈》一書中譯本寫序時也指出：

> 在臺灣的學校、家庭裡，《靈靈》這個故事比《哲學教室》更受歡迎。除了靈靈的性格之外，故事本身輕巧有趣、語言流暢；它所涉及的思考技巧與態度，尤其是推論的部分，多半是自然語言中豐富的蘊藏；哲學教室強調的是形式推論，《靈靈》裡所強調的則是非形式的思考。

對比《哲學教室》與《靈靈》，《哲學教室》比較偏重「形式推論」的部分，而《靈靈》著重在「非形式思考」的部分。其實這兩者也可以說是「形式推論」與「非形式推論」，甚至是「形式邏輯」與「非形式邏輯」的區分，到底「形式」與「非形式」的區分是什麼意思？爲了更精確地了解這個區分，我們需要了解邏輯學中一個名爲「邏輯常詞」（logical constant）的概念。在邏輯學之中，一個很重

8 同註1。

要的研究目標便是認出我們使用的語言當中，有部分的字詞叫做「邏輯常詞」。「邏輯常詞」是用來標示出判斷類型的語詞，比方說《哲學教室》當中提到的：

所有________都________
沒有________都是________

以上就是兩個不同的邏輯常詞，它們代表了兩種不同類型的句子。這兩類句子我們通常叫做「全稱語句」與「存在語句」，用來標明全稱或特稱的詞我們就叫作「邏輯常詞」。相對於「邏輯常詞」，另一種詞是用來填入上句中的________部分語詞，這些部分我們稱爲邏輯變元或邏輯變項，比方說我們可以把以上空處填入以下詞彙，讓它變成實際的句子：

所有　電視　都是　有害兒童教育的　。
所有　男孩　都是　調皮的　。
所有　老師　都是　公平　。

以上三句話不同的部分僅只有________可以填入的部分，它們不同的地方是邏輯變元，邏輯常詞是相同的，可以看得出它們是三個相同類型的語句。

所謂形式邏輯，通常就是以對「邏輯常詞」的辨認與系統化爲中心的邏輯研究，在亞里斯多德三段論當中，我們辨認出AEIO四種語句，並且對之進行許多的研究與討論。在近代符號邏輯中，語句邏輯也是以五個邏輯常詞爲中心的系統性研究。

有了邏輯常詞才能建立形式化語言，這也是形式邏輯最重要的一步。但辨認邏輯連詞不是唯一評價論證方式，當我們評價推論與論證，卻不直接訴諸邏輯連詞的設計時候，我們就接近了非形式化邏輯的領域。

因此簡單來說，非形式邏輯就是不以邏輯連詞辨認爲中心的邏輯討論。邏輯連詞是形式化的第一步，若不走向形式化，憑藉常識、經驗與理性，我們一樣可以得到許多論證的評價，以及許多論證或論述的技巧。

《哲學教室》中一開始的發現其實就是邏輯常詞的規律。或許是爲了全面性，《靈靈》刻意避開了這條路線，也較能符合它所設定的閱讀者之思維習慣。但仍注意，這絕不是說三、四年級的小孩是沒有形式邏輯的思考，《靈靈》只是其中一本教材，由《靈靈》不呈現形式邏輯的思考是推不出三、四年級的小孩沒有形式邏輯學習的可能，這一點一定要注意才行。

誠如楊茂秀所言，非形式的思考比較接近日常的生活與經驗，所以《靈靈》也許更貼近生活思考經驗，以致它更受歡迎。另外，除了「非形式的推理與思考」這個比較偏理智面的主題之外，關於意義概念的重要性，李普曼也指出：

> 他們對於自己所驚嘆訝異的世界不是想去攫捕支配，而是想了解其意義。雖然他們努力去理解他們困惑的事物，但如果他們發現所理解的意義並不如他們對事物的驚喜那麼悅人，他們可能會不快樂。這就是他們為什麼如此喜愛故事的理由。故事使世界有意義，而且故事產生意義的方式是令人欣喜快樂的。[9]

9 同註1，頁ii-iii。

其實意義這部分，就是孩子的「情緒」這個面向。孩子驚奇於世界，孩子欣喜快樂於故事，以上這整段中，所提及的關鍵都是代表價值的判斷：「悅人」、「快樂」、「欣喜」。在實際故事中也是如此。兒童對故事的「欣喜快樂」，貫穿整個故事的全局，靈靈從第一章就咕噥著老師要大家編的那個故事，而整個故事的結尾則是大家重述靈靈的故事。對意義的注意與故事的喜愛均跟哲學的源頭好奇心一樣，都代表了心智活動的主動能力，只是跟代表理性的推理能力相反，情緒方向的思考追求的是影響力，是對另一個心靈的影響力。

切莫以為編故事是天馬行空地亂湊，好的故事絕對不只是拼湊或瞎掰，我們知道許多假的事物，但卻不會自成故事。故事本身也代表心靈主動性，代表心靈主動組織思維，試圖用這些想法去「影響」另一個心靈。而情緒與理性雖然發展的方向不同，卻不是不能互通，我們會用合理的故事去說服別人相信，進而被我們影響。而這也是李普曼在一開始所提到的。

只是對這兩者的細分，是因為害怕我們太注重理智的發展，而成為所有判斷的標準。我們需要知道，孩子喜歡聽故事也是思考發展的一部分，與到學校學習是一樣的學習過程。只是聽故事可以更多地發展價值概念，如果我們希望孩子除了理性與聰明之外，也成為一個情緒穩定，甚至是具有影響力的人，那對這部分的發展就不可輕忽。

因此我們需要關注《靈靈》對這兩方面的編寫與發展，用非形式邏輯強化推理思考，以意義、故事與神話的獲得鍛鑄情緒，而認識這兩者也能讓我們更了解孩子，甚至更了解我們自身的思考，如此也能幫助我們自身深化思考，與孩子一起進步。

教材實際章節編排

《靈靈》正文分爲十一章，就是十一個段落的故事，各段落故事之間有稍許的接續。比較起《哲學故事》起來，《靈靈》的章節似乎又更短了一點。

每章的故事長度大約在三頁左右，都是由靈靈身邊的人、事、物以及對話所構成。許多饒富哲學意味的對話，使得章節的長度雖短，但實質進行討論的內容卻頗爲緊密。

在《靈靈教師手冊》中，每章又可以分爲二到六個小節：

前半部
第一章6節
第二章5節
第三章4節
第四章4節
第五章4節
第六章4節
後半部
第八章3節
第九章2節
第十章3節
第十一章2節

教師手冊的基本單元可說是章之一的小節，所以《靈靈》的畫分又比《哲學教室》要來的更爲細致，每一節的內容又可以分爲三個不同的部分：1.該節主題；2.討論計畫；3.練習。

該節主題簡單說明這一段落的《靈靈》有哪些主題，通常就是一個標題之後跟著一個簡單的討論，這部分是給老師參考的，這些標題有時會有一些哲學的專有名詞出現，比方說第一章第一節有提到三大邏輯定律中的「排中律」。《靈靈》第一章第一節提到的主題有：

靈靈的名字
靈靈的行為
靈靈的哲學傾向
什麼是真名字
比較年齡
非此則比
類比
反省性
故事與說故事
編故事

這一部分基本上是給老師補充課程內容用的，所以裡面會有許多較爲詳盡的內容，也會有專業的哲學用語，除了剛剛提到的「排中律」之外，《靈靈》第三十二頁還有後期維根斯坦在《哲學探討》第三十七節所提到的「家族相似性」的簡短討論[10]。

但千萬別忘了課程進行的方式並非「講授」，主要是老師帶領學生進行討論與活動，因此後兩部分才是課程的實質內容。首先，討論計畫是老師可以拋出的思考問題，當然是由《靈靈》的故事所引發的

10 《哲學探討》，維根斯坦著，范光棣、湯潮合譯，頁37。

問題，然後看同學對此問題的反應來決定是否能繼續討論下去。

比方說第一章第一節靈靈說「靈靈」是她給自己取的名字，而不是她眞實的名字，也就是父母取名字之時，可以有以下的討論：

討論計畫：名字

1. 你有一個以上的名字嗎？
2. 你的父母跟你的朋友是用同一個名字叫你嗎？
3. 你對自己說話時，是否用你的名字？
4. 如果你沒有一個名字，有沒有關係？
5. 如果你有另外一個名字，有沒有關係？
6. 如果你有另外一個名字，你會不會變成另外一個人？
7. 你能不能想出一個比你現在的名字更想要的名字？
8. 如果人們想要把世界上的每一樣東西都重新命名，可以嗎？
9. 人的名字可以買賣嗎？
10. 人可不可能隨著年齡的增加，長得越來越像他的名字？[11]

以上這些問題中，許多都可以增進對「名字」這個概念眞正意義的了解，並引發相關哲思的討論。這些問題能讓孩子對名字的認識不只停留在表面的思考，而是進入到整個背後思想背景的比較，孩子能夠深入思考這些，意味著他眞正掌握了「名字」的概念，而不只是學到了一個單字或語詞而已。

再看一兩個有意思的討論計畫。

11 《靈靈教師手冊》，李普曼著，鄭瑞玲譯，頁4。

討論計畫：疼痛

1. 你感到很痛時，你是說我的（手臂、腳或其他部位）痛，還是我很痛？
2. 是我們在痛，還是痛在我們裡面？
3. 動物能感到疼痛嗎？你怎麼分辨？
4. 魚能感到疼痛嗎？你怎麼分辨？
5. 青草能感到疼痛嗎？你怎麼分辨？
6. 你想別人會感到疼痛嗎？你怎麼知道？
7. 即使你身體沒什麼毛病，你有可能感到痛嗎？
8. 思想會使你感到痛苦嗎？
9. 如果思想能使你痛苦，你能只用思想來解除痛苦嗎？
10. 痛苦可能有有用的時候嗎？[12]

討論計畫：祕密

1. 你喜歡保守祕密嗎？如果你喜歡，你為什麼喜歡？如果你不喜歡，你為什麼不喜歡？
2. 你喜歡洩漏祕密嗎？如果你喜歡，你為什麼喜歡？如果你不喜歡，你為什麼不喜歡？
3. 即使會失去一位朋友，你還是寧可保守祕密嗎？
4. 你會為了保住一位朋友而洩漏祕密嗎？
5. 你的祕密，有些你願意告訴別人，有些你不願告訴別人，是嗎？
6. 你有可能對自己不洩漏祕密嗎？

12 同註1，頁254-255。

7. 保有很多祕密的人就是一個神祕的人嗎？
8. 如果所有的祕密都揭露出來，這個世界還是個有趣的地方嗎？
9. 可能每一個祕密都包含著其他祕密嗎？如果這樣，你若發現了第一個祕密。就可以解開第二個祕密，而第二個祕密若解開了，你就可以發現第三個祕密了。
10. 你想，會不會有一些祕密現在沒有人知道，或許將來也永遠不會有人知道？

以上兩個都是蠻有趣的討論計畫，第一個有關疼痛的反省是很有趣的哲學議題，在心靈哲學與語言哲學中都有很多討論，第二個祕密則是有關於人生與倫理的議題。兩者都可以從日常生活的反省開始思考與討論。

除了討論計畫之外，另一種是練習活動，能夠帶出思維或哲學思維的練習，最簡單的練習，可能是一些選擇或塡空的練習。

練習：症狀與病因

症狀是疾病的徵召或身體功能的失調
病因是造成症狀或其他後果的原因
因此流鼻涕是感冒的症狀。但感冒的原因可能是太熱之後著涼。
下面哪些是症狀？哪些是病因？

愛飛：我的腳趾好痛。 史泰飛：你的鞋子太小了。	症狀／原因／？
朵拉：我的牙齒在打顫 莎拉：這電影院裡太冷了，我沒辦法好好欣賞這恐怖電影。	症狀／原因／？

受害者：吸血鬼，你怎麼會變成吸血鬼的？ 吸血鬼：我自己也無能為力。你看，我一生下來就長了這些尖牙齒。	症狀／原因／？
飛機駕駛員：你似乎有一點發抖。 潔米：這是我第一次跳傘，我害怕。	症狀／原因／？
黛蓮：如果我在禮拜二胃不舒服，禮拜三就一定會口唇潰瘍。 梅寶：每次禮拜二一到你就會不舒服。[13]	症狀／原因／？

練習：功能的類比

1. 扣子之於外套就如同__________之於鞋子。
2. 門把之於門就如同鑰匙之於__________。
3. 線之於風箏就好像錨之於__________。
4. 水之漁船就好像__________之於飛機。
5. 陽光之於太陽就好像__________之於月亮。

除了簡單的選擇與填空這種一個人就可以完成的練習之外，也有一些需要道具或移動隊形的練習。

練習：什麼是真的，什麼只是似乎是真的？

準備卡片，放在桌子上，卡片上寫著：

1. 像是真的東西，但它不是真的。
2. 像是真的東西，而且它是真的。
3. 不像是真的東西，但它是真的。
4. 不像是真的東西，而且它不是真的。

現在，請每一個人帶一件東西到班上來，而且把東西放在其中一

13 同註1，頁255。

張桌子上，以下是一些建議使用的東西：

a. 一朵人造花

b. 一部玩具車

c. 一本童話書

d. 一個可樂瓶，裡面裝水

e. 一個馬鈴薯雕刻成貓的形狀

f. 一架紙飛機

g. 一張班上一位同學的照片

h. 一面小鏡子

每一個人輪流要求另一個人說明，為什麼他把帶來的東西放在其中一張桌子的理由。

練習：雞同鴨講

參加遊戲的人，面對面站成兩排。第一排每一個人想一個問題，悄悄地問站在對面的人。但是，被問到的人不立即回答。

然後，第一排的人開始大聲問問題，由站在他斜對角的人回答，而回答的人必須是針對剛才站在他對面的人所提的問題。如此依序下去。[14]

設計練習與討論不是爲了讓學生得到哲學的知識而已，而是要引起他們自動自發的興趣與學習。因此在練習活動當中，不要簡單地給學生標準答案，要讓學生盡可能地交流，討論彼此的答案。除了每節後面的練習之外，《靈靈》各有一次前半跟後半段的總複習，精神與

14 同註1，頁256。

題型也都類似。

最後，在每章末，都有教師的自我評量，希望在每一堂課之後，教師都能自我審視到底是否能繼續扮演帶領學生討論的角色。以下是第一章之後的教師自我評量：

1. 孩子們坐的位置可以在說話的時候看到彼此嗎？
2. 我在團體中的位置是否方便跟每個孩子說話，聽到每一個孩子說話？
3. 教室的氣氛夠安靜足以使每個孩子聽到彼此說的話嗎？
4. 我的學生能認出混淆的例子，也能舉出一些混淆的例子嗎？
5. 是我在問所有的問題嗎？
6. 我鼓勵學生評論彼此說的話嗎？
7. 某個學生答話時，我是就其回答，追問更深入的問題，還是讓下面一位繼續說？
8. 討論的氣氛建立起來了嗎？
9. 我是疲勞轟炸式的問學生很多問題，還是只問一些問題，但幫助學生自己發展出問題來？
10. 我的學生能分辨祕密、謎跟困難嗎？[15]

要能完成所有的任務，恐怕教師的評量要比學生更困難。但這就是兒童哲學的精神，如果無法在這些評量上進步，那麼兒童哲學的課程就只是一般課程了，因此在每個章節，都要重新審視這些點。

15 同註1，頁35。

第四節　臺灣教育現場的省思

在臺灣的教育現場，一直以來仍是升學主義掛帥的智性教育主導，以至形成只關心孩子在「理性」上的進步，輕忽「情緒」層面的發展。若此不平衡的情況繼續發展，那麼可見的結果是，頭腦越來越聰明，但卻越來越不懂事，越來越不穩定的孩子。這不管是對家長還是孩子，都可能造成莫大的傷害。

而也因爲情況嚴重，臺灣已經有許多的家長意識到，開始注意孩童在文學上、故事上的學習與發展，這可能也是楊茂秀感覺《靈靈》的推行要比《哲學教室》來得更受歡迎，《靈靈》所代表的精神，可能是現今臺灣教育最缺乏的。

然而回頭反省，「理性」與「情緒」畢竟是人類思考上兩個彼此不可相互替代的特質[16]，在討論與設計中，如果不能並行發展，甚至因特質之間的不同，彼此相互攻擊或批評，如此實在是本末倒置。因此筆者以爲，在臺灣的教育思考中，特別在兒童哲學的思考之中，必須要強烈地意識到這兩者的不同，以及它們可能的聯繫與發展。這兩者不是無關連，而是它們的關連不能是相互替代彼此的存在，我們需要清楚意識這兩者本身的存在，然後再進一步思考他們如何共同發展。

而在繼續深化發展思考之時，這兩者就如同李普曼所言，是能夠互相幫助彼此的夥伴。李普曼提到推理思考對於意義獲得所帶來的幫助，站在另一方面來說，對意義的獲得也能幫助理性思考，只是也許不以那麼清楚而抽象的形式罷了。「理性」與「情緒」就如我們第

16 關於這個問題，可以參見筆者的博士論文。蒲世豪著，〈意義概念的分立〉，國立臺灣大學哲學研究所博士論文（2008年6月）。

二章與第三章所提到的「理解」與「練習」兩者一樣，是能夠幫助彼此，卻又不會替代彼此的存在。

在這個問題上，哲學應能提供一個清楚的思考框架，做爲教材整個設計的核心理念，讓孩子能有更多樣而且自由的發展。因此筆者建議未來在課程的設計上或教材的編寫上，我們都應該越來越注意「理性」與「情緒」兩者的平衡，以及自由的發展。

第六章　其他兒童哲學教材

這章我們介紹部分尚無「中文」教師手冊的哲學教材，其中包含了幾本有圖的哲學教材。雖然老師會擔心沒有中文教師手冊可能會產生困難，單就中文資源而言，《哲學教室教師手冊》與《靈靈教師手冊》已經給了很好的示範，只要善用前兩本手冊的想法與經驗，一樣可以發揮這些教材的討論效果。

第一節　其他兒童哲學教材

爲了推展兒童哲學課程，IAPC出了一系列兒童哲學的教材，以及這些教材的教師手冊，大致上來說，這些教材可以分爲兩大類，第一類教材是適合幼稚園到小學三、四年級學齡的教材，計有以下三本：

1. 《艾兒飛》原著爲《*Elfie*》，內容敘述一個害羞、自卑，卻透著如蘇格拉底無知之知精神的孩子慢慢成長的過程，鼓勵孩子反思、認識自我以及勇敢成長，並慢慢引導兒童去了解「關係」與「區別」的邏輯概念。教師手冊爲《*Getting Our Thoughts Together*》，手冊目前無中譯本。
2. 《鯨魚與鬼屋》原著爲《*Kio and Gus*》，以拜訪鯨魚與鬼屋的冒險爲主軸，六歲的靖泓與盲胞女友干思在夏天發生的一系列對話與故事。這本書鼓勵孩子用「心」觀察、探測與了解我們生活的世界。教師手冊爲《*Wondering at the World*》，手冊目前無中譯本。
3. 《靈靈》原著爲《*Pixie*》，這本教材我們前一章才談過，這本書主要是藉由活潑的靈靈與同學之間的討論，帶出有關於比例、明喻、隱喻、類比等邏輯思考，以及有關於意義、心靈、朋友、美感、關係等概念。教師手冊爲《*Looking for Meaning*》，中譯爲《靈靈教師手冊》。

較大孩子使用的有以下四本，包含了李普曼的第一本兒童哲學教材：

4.《哲學教室》原著爲《*Harry Stottlemeier's Discovery*》，李普曼的第一本兒童哲學，陳明宣透過思考以及與同學的討論，發現許多邏輯與思想規律的故事，其中一個重要人物李莎，正是下一本故事的主角。教師手冊爲《*Philosophical Inquiry*》，中譯爲《哲學教室教師手冊》。

5.《思考舞台》原著爲《*Lisa*》，以陳明宣的同學李莎爲主角，透過對日常生活談話的深思反省，慢慢接觸到許多倫理、邏輯、社會、心靈、文化等複雜的哲學問題。教師手冊爲《*Ethical Inquiry*》，手冊目前無中譯本。

6.《*Suki*》尚無中譯本，這本小說藉著Suki的朋友所碰到的寫作難題，向兒童說明寫作的要旨與方法。教師手冊爲《*Writing: How and Why*》。

7.《*Mark*》，尚無中譯本，這本小說藉著一個學童的蓄意犯錯，以對話型態鋪陳出師生間對於社會規範、制度，以及自由、正義等觀念的思辨討論。教師手冊爲《Social Investigation》。

本章之前已經花了兩章討論《哲學教室》以及《靈靈》了，以下我們簡單介紹這兩類中的另外兩本《艾兒飛》與《思考舞台》，把剩下的留給有興趣的讀者，然後討論其他種類的教材。

第二節 《艾兒飛》

在這章裏，我們要介紹第一本教材叫做《艾兒飛》，《艾兒飛》一書的主角是個「小學一年級」的學生，比較前面幾本課本，這是年紀最小的孩子。本書的內容也是較適合低年級閱讀的教材。但大家千萬不要忘了，這僅僅是閱讀的問題，而不是哲學程度的問題。李普曼與馬修斯都強調，「哲學問題」是沒有年齡之分的。

全文七十四頁共有十三段故事，這本教材在篇幅上是非常簡短的，它是我們介紹教材裡最短的一本。《艾兒飛》故事的特色，譯者楊茂秀在本書的開頭緒有提到：

> 艾兒飛是一個很普通的小孩，她常常犯錯，對什麼事情都不太有把握，換句話說，她不太有信心。
> 兒童哲學之父李普曼博士創作的兒童哲學故事裡面的主角，譬如哲學教室裡的陳明宣、李莎等，幾乎沒有一個是普通小孩。[1]

在《艾兒飛》裡你可以看到一個不同於古靈精怪的靈靈，這是完全沒有自信的小孩，艾兒飛一開始就不斷表現出這一點，她非常羨慕同學的美麗跟聰明。她覺得自己的思考一團混亂，問不出問題，也說不出答案，當老師或校長要她造句時，她是全班唯一造不出句子的孩子。

> 要是我像蘇菲亞就好了。可惜，我不能。我只是一個呆頭鵝。

1 《艾兒飛》，李普曼著，楊茂秀譯，譯者序。

去年，我差一點連幼稚園都畢不了業。你知道是什麼救了我嗎？是玩土，我很會玩土。[2]
「他們為什麼會要我呢？」我懷疑：「我在上課時，總是不開口說話，我沒有問過問題，我什麼都沒做，我只是一隻沒用的呆頭鵝。」[3]

拙於表現但敏於思考，艾兒飛展現出一種「蘇格拉底」的精神，雖然只有點到爲止，但艾兒飛卻徹徹底底表現出蘇格拉底的「無知之知」的形象：

老實說，我什麼都不知道。當然，除了一件事。那件事我知道。我知道的就只有那一件，唯一的一件。[4]

艾兒飛知道的唯一一件事，就是她自身的「無知」。對自己的無知有如此深刻的認識，反而是她這個年紀少有的情況。在整個故事中，艾兒飛面對了一個痛苦的問題，就是她父母要她思考是否要轉到別間學校的事情，因爲她在這裡根本不快樂。將這樣重大的事留給艾兒飛做決定，其實是這整個故事主要的軸心。

「你在學校好像不快樂。」媽媽說
「還好啦！」我又說。
「你不必留在那個學校啊！」爸爸說。「如果你喜歡，我們可以

2 Ibid.，頁1。
3 Ibid.，頁16-17。
4 Ibid.，頁1。

把你轉到另一個學校。」
「就看你自己的決定了。」媽媽說。
我不知道要說什麼，所以我什麼也沒說。[5]

整個故事就以這個問題的後續發展爲主，在經歷了一連串的事件以及成長之後，艾兒飛在過程中漸漸得到了一些想法與自信，開始問出了屬於她自己的問題，並且以喜劇收場式的選擇留在原來的學校。相較於其他的教材，筆者認爲《艾兒飛》有以下三個特點：

1. 《艾兒飛》故事主角有明顯精神上的成長。
2. 使用的句子都比較短。
3. 對許多有趣的問題比較是點到爲止，而沒有進入兩種想法的對立與討論。

後兩者筆者覺得是《艾兒飛》這本書爲低年級學生使用的主要原因。她不會像《思考舞台》或《哲學教室》詳述兩種不同的觀點跟理由，並且進入正反意見的討論，而是帶到許多有趣的點就停止。比方說以下這段：

我覺得奇怪，磁鐵怎麼能夠隔那麼遠就使鐵動起來呢？
我說：崔老師，我能夠使我的手腳動，我不必碰到我的手腳，就能使它們動。
崔老師說：你的意思是，你只要想，想要動你的手腳，你的手腳就會動，對不對？[6]

5 Ibid.，頁10。
6 Ibid.，頁22。

這一段如果眞的要進入討論，其實是一個非常深入而複雜的哲學問題，思考是如何引起行動的呢？但《艾兒飛》並不繼續發展探討，反而是先輕鬆地點到爲止。再看一個例子：

> 我走進自己的房間，坐在搖椅上。我想蘇菲亞。想著，想著，一個詞又回到我的腦海裡：「智慧」。「那就對了！」我對自己說，「如果你聰明，你想的是～～你知道的有多少；如果你有智慧，你想的是～～你不知道的有多少。」[7]

這也是一段非常簡短、非常富智慧的對話。由此可見，這仍是一本到處充滿著哲學意義對話的教材，可以讓帶領者好好發揮，筆者仿造《哲學教室》的想法列出幾個第一段中可以帶討論的問題，做個範例。讀者自己可以在閱讀文本之後思考自己的問題，甚至讓孩子問出問題。

1. 我們爲什麼要問問題？
2. 我們如何知道自己知不知道一件事？
3. 你有過覺得自己「無知」的經驗嗎？說說看。
4. 我們可以證明我們知道一件事，但我們也能證明我們不知道某件事嗎？
5. 你有過覺得別人明明知道不多，卻自認知道很多的經驗嗎？說說看。
6. 知道問題的答案就叫做「聰明」嗎？
7. 睡覺的時候，你會清楚意識到自己在睡覺嗎？有沒有可能睜

7 Ibid.，頁74。

開眼睛睡覺？

8. 艾兒飛覺得她在想就代表她是眞的，你同意嗎？
9. 我們能弄清楚我們的心是如何運作的嗎？
10. 艾兒飛覺得蘇菲亞不只是聰明，而是……她找不到想用的詞彙，你能幫她想到嗎？
11. 你有過腦袋裝滿麥片粥，糊糊的經驗嗎？
12. 你有過覺得自己的想法，或別人的想法很清楚的經驗嗎？

以上僅是第一部分提供參考的問題，《艾兒飛》是一本簡短有趣的教材，形式上適合年紀比較小的孩子，而且已經有優美的中文翻譯，筆者就不再多嘴，留給各位讀者自行閱讀了。我們進入到下一本教材《思考舞台》的簡介。

第三節 《思考舞台》

《思考舞台》是已經有中文翻譯的五本教材中，篇幅最多，結構也最清晰的教材，它是唯一同時有分章跟節的。這本教材的內容、各個角色之間的討論與對話，是比較長，而且比較複雜的。當中孩子遇到的事件比其他本故事要來的多。它似乎更爲適合運用在更大的孩子身上。

《思考舞台》全文一百九十四頁，有十一章，每章又有二到五節，總共有二十五節。它有許多節次，都比《艾兒飛》的整段還要更長，所以整體二十五節也超出《艾兒飛》兩倍以上。在主題方面，《思考舞台》比起前面幾本，更關心「倫理」的問題，例如人跟人之間的關係（石老師與校長）、人對其他生物的態度（李莎開始跟結尾的問題）、人生生命中遇到不可抗拒的大事（華明麗的祖父遇到的事），以及人生價值（石老師去留的對話討論）的問題。跟其他教材比較起來，《思考舞台》裡面人物的討論相當深入，而且都透過精彩的對話與反駁充分展現出來，比方說以下的例子：

「爸，問最後一個問題。你説過，做人應該慷慨大方，對不對？」

「不錯。」

「好，有一個同學向我借錢，我身上正好有錢，我應該大大方方的借給他嗎？」

「你認為呢？」

「我知道他要錢幹什麼，他要買迷幻藥。」

「那麼，你借他錢是不是真的幫助他嗎？」

「我想不是。」

「凡是給人家東西，或借人家錢，都是對的嗎？」

「應該把他的環境跟需要都考慮進去才知道。」

「對！全盤考慮。」陳先生在椅子上調了調身子説：「我可決心要看我的報紙了。」從他的口氣，陳明宣知道他不能再問了。[8]

這跟我們第二節所討論的、點到爲止的《艾兒飛》，有相當大的不同，特別是「以反例交互討論」這一點，《思考舞台》有大量這類討論的例子。

《思考舞台》一開場就是一個相當切身而且令人震撼的倫理議

8 《思考舞台》，李普曼著，楊茂秀譯，頁10-11。

題，那就是「動物權」（animal right）的問題，《思考舞台》的開頭跟結尾都有這個問題。書中的主角李莎也展現了以此問題對於自身實際行動做出深刻的反省，是在言語跟行動上都以理性反思很好的範例。

「也許我並不真正關切動物。」李莎說。
「她又開始了。」黃撫娟在一旁取笑她。
「別開玩笑，我是說真的。」李莎回答：「我要是真正關心動物，我就不會吃肉；就是因為吃肉，所以我不是真的愛動物。」
「李莎說得有點兒道理。她怎麼能夠言行不一致呢？我們不是應該言行一致嗎？我們的行為不是應該跟我們的信念相符嗎？」
「對！」唐寧喊道。
「事事都應該速配妥當，我們的思想和我們的生活方式都應該連接在一起。」[9]

這也是相當尖銳、有趣而且深入的討論。除了關切動物本身引起的倫理問題之外，討論還進一步繞到思想與行動背後的理由——「我們的行爲應當與信念相符」這個普遍原則上。哲學思辯就是需要往後一層層找出更深層的理由，再一一思考其合理性。

倫理議題不是《思考舞台》唯一的議題，《思考舞台》中也有對思想規律直接的討論，比方說以下這段就是利用一個非常巧妙的類比，對思想規律進行的精彩討論：

9 Ibid.，頁11。

「你記得我常常講的挪威童話故事嗎？三個巨人的故事，兩隻手臂下各有一個頭。」

「當然記得。」

「好，那麼假定我問你，這一個三頭巨人帥不帥，你要怎麼回答？」

「只看見一個頭的話，我不能回答。我必須三個頭都看到，而且還要看那三個頭同時出現的樣子，才能決定。」

「這樣看來，可不可能是這樣說：你的問題就像那個三頭巨人，只出現一個頭，另外兩個藏著，看不見呢！」

「我不懂你的意思。」

「我們就說那個出現在外邊，我們看得見的頭，代表你說的事到底是真是假，藏起來的兩個頭中的一個代表你說這話的用意，另一個代表你說的事對人是否有害處，那麼就像你所說的，你可能想要三個頭都看看，而且看看他們彼此之間的關係，你才會下結論，決定怎麼樣判斷。」[10]

這段可說是有關於語言問題非常精湛的討論。文中所提到的三頭巨人可以追到哲學家奧斯汀（J.L. Austin，一九一一年至一九六〇年）所提的，談話行動（speech act）可分爲三層：言詞行動（locutionary act）、在言行動（illocutionary act）以及由言行動（prelocutionary act）三者。奧斯汀前述論點是語言哲學中非常深刻的理論，透過李普曼一個簡單的例子就可以將更整全的概念帶給孩子。

各位切莫因前一段專有名詞而害怕，這只是對照歷史發展的哲學

10 Ibid.，頁76。

知識，我們在帶討論時若是完全沒有也沒關係。我們可以直接從人物的對話中切入哲學性的討論，比方說在念完剛剛這一段，我們就可以先請學生用幾個例子來分別這三個不同的頭，確認他們都能理解這樣的比喻。接著可以討論它們彼此可能會出現的不一致，以及不一致時你會更注重其中哪一個。最後，我們還可以再進一步討論到，這個比喻是否恰當、是否合理，甚至是否可能有其他的頭出現。

《思考舞台》另外有一個不同於其他教材的特色，或許是因爲這本書適宜自行閱讀的年紀較大，較之前的故事情節多。比起之前的孩子，頂多是去旅行或參加電視節目，《思考舞台》的主角會遇到更多的事件。

> 她媽媽從醫院回來時，李莎仍然跪在床前，她抬頭看看媽媽，媽媽的臉色告訴她，爸爸已經逝世了。她把頭緊緊壓在媽媽柔和的睡袍上。想到黃昏時，她和爸爸並肩站在客廳的窗前，她覺得媽媽的手撫摸她的頭髮，她開始哭泣。[11]

李莎父親的故事，石老師最後因爲莫須有的理由離開學校，這本教材的故事本身是有一點悲傷的。雖然學校是一個思考的舞台，可是舞台上發生的可不只是思考而已，許多眞實的、不可逆的、殘忍的、有點不公平的事件，都在這裡發生。而我們的思考也在這更多發生的事件中成長茁壯。

《思考舞台》，不管在對話或情節上，都格外適合成人閱讀，細節的內容的就留給各位讀者。最後我們作一點改變，加入一些新的元

11 Ibid.，頁125。

素，我們介紹附有圖案的書。

第四節　有圖案的書

目前為止介紹的四本教材，坦白說，除了封面以外，全部都是「字」。對小朋友來說，一次閱讀這麼多文字或許會有精神上的壓力，而且久了也會感到疲累。我們最後一部分介紹一些有圖案的書，可以刺激我們跟顏色有關的感官，提供更多元、更豐富的方法來認識哲學，認識我們的思想。

除了第一本比較特別之外，後面三本都是一種統稱為「繪本」的書籍，用傳統的話來說，就是「圖畫書」，用一些美麗的插畫配上簡短的文字來說故事。相對於之前硬梆梆的兒童哲學教材，繪本比較偏向文學這一邊，比較富文學性，討論跟反駁的段落不多。但仍有許多繪本的故事本身編得非常之好，有很豐富的哲學性意涵，可以讓帶領讀書會的人利用及討論。

1.《圖畫・話圖》

這本書，筆者原本以為是一本講解知覺構圖原理的書，經詢問討論之後才發現，原來這本書是可以直接當兒童哲學的教材。這本莫麗・邦原著，楊茂秀翻譯的「圖書」，充滿了各種幾何圖案，特別是「簡單」的幾何圖案，以及用這些簡單圖案構成的各種場景。毛毛蟲的老師，會拿起這本書的場景（通常可以剪成大一點的海報），直接問小朋友的感覺，並邀請小朋友一起把故事說下去。

《圖畫・話圖》主題是「圖畫」給人帶來的「情緒」，而且它特別專注在簡單的圖畫，例如，對圖畫產生的「感覺」。本書一開始是類似於故事的案例，可以讓小朋友看圖說故事，或者直接問他們有什麼樣的感覺。比方說以下是該書中的引文，讀者必須自己想像圖畫：

> 接下來，她上場。
> 這幅圖很容易解讀為小紅帽走入森林。尤其是她很靠近一顆樹，而且有一部分被樹遮住，這使得她歸屬於樹林，而且在樹林裡面。
> （筆者按，這段文字描述的圖畫是幾根立起來的黑柱子中間，有一個紅色的小三角形，三角形被柱子遮了一角。）[12]

這本書最大的特色就是用簡單的圖形講故事，該書後半就是對前半部所使用的圖形作解釋，解釋圖形對我們印象或情緒影響的各種原理，可以視情況帶孩子討論，對於高年級一點的孩子，也許可以當作一種知識來吸收。我們來看一小段範例：

> 1. 橫躺、平、光滑的形狀讓人感到安穩與平靜。
> 我把橫躺的形狀與地表或地平線聯想在一起——和地板、草原、平靜的海面聯想在一起。人平躺時最為安穩，因為不會東倒西歪。也因為這樣，強調橫而平的畫面結構，一般來說讓人有平穩與安詳之感。[13]

這本書最大的好處是可以搭配一些「勞作」的活動，他可以請

12《圖畫．話圖》，莫麗．邦原著，楊茂秀譯，頁18。
13 Ibid，頁56。

孩子試著用圖型表現出某些情緒，或自己想表現的情緒。這本書的使用讓兒童哲學課程的活動更爲多元，加上它的主題是「圖形」與「情緒」，這是一個很少見的主題，也讓思考課程所考慮的題材更爲全面。

2.《文字工廠》

這是一本很有趣的繪本，內容敘述在一個奇特的國度，沒有人說話。那兒的人們必須「購買文字」，吃下文字後才有表達言語的能力。小男孩菲雷想要向夢中情人西貝兒表達愛意，但他窮得買不起能表達愛意的文字（這些字都太貴了），只好用路邊撿來的幾個別人不要的字詞，用毫不相關的語詞（比方「椅子」、「櫻桃」之類的）來傳達愛意。沒想到，這幾個字卻勝過富有男孩奧斯卡的甜言蜜語……。

這本書的內容實在非常有趣，它創造了一個十分夢幻的觀點的語言。也因爲這樣的視角切換，能帶給我們的語言、社會、價值概念很深的省思。什麼是「字」？爲什麼現實中的「字」不用買就可以用？一句話說出的意思就是這些字本身的意思嗎？還是可以不同於這些字的意思？愛意需要用金錢來表現嗎？這些都是非常有趣的哲學議題。

3.《音樂老鼠傑洛渟》

這雖然是兒童文學的繪本，但內容其實是相當深刻的藝術哲學繪本。故事敘述一隻從來沒有聽過音樂的老鼠潔洛渟，有天晚上，在吃起司時「發現」了起司裡有一塊像老鼠的地方，他以爲那是一隻起司做成的老鼠，所以格外小心在吃的過程中保留「它」，最後他終於

「吃出」了一隻由起司做成、吹著笛子的的巨大老鼠雕像，並且透過雕像身上的孔聽見了優美的音樂。

這個故事是談「藝術作品起緣」一個非常棒的小故事，整個故事從一開始慢慢「發現」，到極力保存藝術，到最後發現藝術可以存留在「心中」，就可以吃掉原來的雕像。整個故事對藝術有很貼切的描繪。這個故事一樣可以帶出藝術哲學的討論，包括：你覺得藝術是怎麼被發現的？藝術是「發明」還是被「發現」的？「爲什麼」我們需要保存藝術？什麼叫做「保存在心中」？這些都是可以跟孩子一起思考的主題。

4.《*Clocks and More Clocks*》

這是一本英文繪本，此繪本也有中文翻譯，但我們以英文本作介紹，適當的老師或許可以讓英文學習與哲學思考相結合。故事內容是Higgins先生在自家閣樓發現了一座鐘，他心想如何知道這個鐘準不準？於是他去鐘錶行買了另一個鐘放在一樓。臥室的鐘時間是三點整，Higgins連忙跑到閣樓去看，結果發現閣樓的鐘是三點又一分，這下可糟糕了，到底哪一個鐘才是準確的？就這樣Higgins買了第二個鐘、第三個鐘置放在家裡的樓層，氣喘呼呼地跑上跑下察看時間，卻無法知道哪個鐘的時間才是準確的。最後鐘錶行老闆帶了一個錶來到他家，一對錶，發現原來家裡每一個鐘都是準確的。

這個故事寓意深遠，如果我們把故事中的鐘想成是別人的意見或判準的話，那麼老爺爺在故事開始時一直在別人身上找尋相同的判準，可是會發現每個人的點都不一樣，結果不具參考價值，根本莫衷一是。最後，他發現如果自己身上有一個錶，就可以完全對齊別人身上的不一樣之處，這時別人意見的參考價值才完全展現。它所說的正是兒童哲學要訓練的，當孩子有自己的思考的時候，才能對對錯做出確定的判斷，否則每個人跟他講的都有點不一樣，結果反而造成困擾。這個故事可以用來喚起孩子參考別人意見的經驗，然後依活動來實際經歷一下每個人想法的不同，跟如何解除這種困惑。

總之以上幾本繪本的介紹，只是幫各位接近繪本的世界，事實上繪本的數量要遠超過兒童哲學教材。

只是各位在使用繪本的時候，需要更多地思考這個繪本的哲學意義，它可不可以引起孩子對某些「普遍原則」或「普遍概念」的思考？可不可以讓孩子舉出一些「觸類旁通」的例子？可不可以讓他意識到自己看事物的角度，甚至是改變它？透入故事精神之後，才能對於思想有更深的認識。我們兒童哲學教材就介紹到此，在下一章我們要討論探索團體的理念與經營。

第五節　兒童幫助哲學

對照於最後一組偏向文學系列的教材，李普曼編的哲學教材的確比較偏向理論，著重於邏輯性，注重思辯。透過教材中人物的對話，許多深刻而有趣的哲學觀點，以生動的故事進入讀者的思想中。其實不管閱讀者是否爲兒童，閱讀兒童哲學的教材都是很有趣的事。

在當代，隨著學科分工越來越細緻，哲學在一般的社會中，對群體的影響力非常有限，在臺灣尤然，臺灣一般對話中很少出現「哲學」兩個字，即使出現，在正常的情況下應該都與做爲學科的哲學毫無關係。具有深度與批判力的哲學卻對社會缺乏影響力，而且哲學自身也走入一個專門、分工精細的領域，失去了與社會、大眾思想接軌的生命力。

其實李普曼教授的哲學教材，雖然所描繪的哲學思想大都是哲學歷史上已經出現，或曾經出現過的論點與看法，但它呈現這些想法的方式與形式，比專門學術論文要來得更易讀與動人。換句話說，這些課程教材並非兒童哲學課程專用，它本身也可以被視爲用以推廣哲學，或介紹哲學的大眾讀物。

更有趣的是這些作品中都還常存著剛開始研究哲學的那種衝動，以及追求眞理的態度，書中人物不斷企圖提出批判並發揮影響力的想法，會帶給讀者想要一同參予討論的熱情。雖然是兒童哲學的教材，但若是談到追求哲學思考的精神、探求眞理的態度與批判世界的衝勁，些作品也可說具有經典的地位。這些作品在描述、說服並且引發人去思考哲學問題，而哲學經典本來就應該擔負這樣的工作，而這可能是最重要的工作。只是在現今生活中，大家似乎還是覺得專門的哲學論文，才是具有價値的哲學作品。

這也是兒童哲學運動的另一個思考面向，除了以哲學來幫助兒童思考，也應該以兒童的角度來幫助哲學尋找那份原始追求討論的衝動，那份企圖影響世界的智慧力量。兒童哲學除了幫助兒童，也應幫助哲學，一併找到自身在世界中的定位。

第三單元　探索團體的概念

這一單元我們要討論的是「探索團體」（community of inquiry）或「探索社群」，如果說第一單元是對兒童哲學整體與歷史作簡介，第二單元是對兒童哲學課程的教材，也就是課程「內容」作介紹的話，那麼第三單元便是對兒童哲學課程所進行的「形式」作介紹。探索團體不同於一般「講演」的授課方式，是以「討論」方式進行的課程。這一單元，我們用三章的篇幅來對之作探索與討論。

第七章　探索團體的理念

本章開始我們將連續三章以「探索團體」的概念爲中心，進行討論。本章的討論比較著重於「探索團體」的概念探討，讓讀者先於思想層次對「探索團體」一詞有個概念輪廓的掌握，然後再繼續進入探索團體實際的經營與思考。

第一節　探索團體的概念

兒童哲學中所謂「探索團體」或「探索社群」，指的是一個團體透過理性的對話與溝通，例如：重述自己的想法、了解他人想法，以及對話中思考反省，讓團體中「每個人」的思維都能有更正面的發展。探索團體是一個討論的團體，而且是透過討論追求個人成長的團體。以上解說也許對大多數人來說還是很抽象，我們把探索團體跟其他的團體對照一下，應能讓意思更明白一些。

對話團體與團體對話的機會無處不在，在日常生活中，兩個最常見與一群人對話的機會，莫過於「跟朋友聊天」與「在公司開會」，我們就以這兩者爲對照。首先，朋友聊天屬於一種休閒活動，比較注重情緒的抒發與情感的交流，聊天主題可以隨時切換，大家也都保持在一個輕輕鬆鬆、不需要完全聽懂的狀態。聊天最忌引起大家深入思考的話題，因爲那就破壞了輕鬆的氣氛，更忌諱因論理的意見不同而傷了和氣，因此若碰到麻煩的問題最好不要再聊下去。總而言之，聊天是一種缺乏理性思索的談話。

另一種談話是會議，跟聊天完全相反，會議有明確的「目的」。會議的目的就是要面對某個麻煩，解決某個問題，做出某個決策，或達成某些共識。通常會議的討論最好不要離題太遠，雖然現實中也會寒暄，但成員的感情交流並非會議目的，會議「不可以」逃避麻煩、問題或者容易引發衝突的點。而不同意見的人會站在相互對立的兩方或多方，乃是會議中司空見慣之事。會議的目的就是有可能包含對立的多數人，透過理性的協調與溝通達致共同的答案、決策或共識。

探索團體可以說是「介於兩者」之間的團體。不同於純粹的聊天，探索團體中希望有理性的討論，有認眞的思考，希望大家能貢獻自己的想法，或評價批判別人的想法。嚴肅的話題或深入的問題並非探索團體所害怕的議題，很多時候都是探索團體最歡迎的題材。至於兩方可能有對立或不同的意見，在探索團體中也是司空見慣之事。

探索團體亦不同於會議，因爲探索團體雖然有理性的討論溝通，卻不是爲了要在團體中達到一個最後的決策或共識，只是希望團體中的每個人，都能因著討論在自己的思考上有所成長。這一點非常重要，探索團體預留的是個人的成長機會，即使最後大家無法接受彼此的意見，那也不過就是說明了，在這個問題上每個人仍保有不同的看法而已。大家可能更了解對方所持的理由，但仍覺得自己的想法更值得相信。總而言之，探索團體「能夠」接受沒有結論或共識的結局。

我們說探索團體是介於這兩個極端之間的團體，欲想中道總是需要格外的努力，所以實際探索團體的進行也可能向兩邊的任何一邊傾斜。有時候探索團體因爲情緒的放鬆而偏向於純粹聊天，有時候，因爲太想獲得一致的結論，而變成了會議。但理想中的探索團體，應該是介在這兩者之間，既不是聊天，也不是開會，而是注重理性的、多元的成長。

因爲探索團體的結局是大家都在思維上有所成長。特別在需要大家貢獻點子的新領域，在狀況不明需要大家充分合作時，在不同領域間想要彼此激盪想法時，在想要突破原有的思考或研究的界限時，在面對思考困惑根本不知道可不可能解決時，探索團體的功用就顯現出來了。探索團體對於個人思維的成長，或團體合作間默契的培養，都能有很好的表現與貢獻。

哲學家皮爾士（Charles Peirce，一八三九年～一九一四年）提出了探索團體的概念，並且把它當作一個科學研究團隊的進行方式。的確，相較於解決問題的技術或商業團隊，科學團體更依賴於個人的想法。兒童哲學之父李普曼則是清楚看到探索團體應用在教育上的價值以及角色。探索團體能在團體活動中讓個人的思維成長，這正是教育活動最重要的意義之一，因此兒童哲學的課程是以探索團體的方式進行的。

探索團體可說是希望團體的共同思考，可以幫助團體中的個人，在思維上有更完整且更深入的發展。但即使我們接受這種看法，也只是對探索團體比較初步的想法，將探索團體的基本想法繼續推廣延伸，我們會得到一種不同視野的教育觀。

第二節　實用主義哲學

這裡我們簡單討論兩位哲學家的教育理念，這兩位哲學家的想法能幫助我們延伸前一段探索團體的思路，以至於對整個教育的概念提出批判。

首先我們要介紹的哲學家是杜威（John Dewey，一八五九～一九五二），杜威是美國「實用主義」（Pragmatism）哲學的代表家之一，實用主義哲學是二十世紀初發源於美國的哲學思想，代表性人物有皮爾士・詹姆士（William James，一八四二年～一九一〇年）、以及本節後半提到的米德（George Mead，一八六三年～一九五一年）與杜威共四位。實用主義嚴厲地批評傳統哲學，批評他們死守僵化的、抽象的以及沒有實際用處的原則，不斷強調實際的經驗、實驗、行動或者是效果的概念，在人類思考上遠高於一切其他的判準。就實用主義者的眼光而言，「知識」是用以控制與改造世界的工具，「意義」是概念或想法產生的「結果」，而「眞理」則是對人類長久發展有實際用途的信念。

杜威在美學、政治學與倫理學上都有很重要的影響力。除此之外，他在教育哲學以及社會哲學中也有很重要的觀點。我們來看以下這段文字，這是杜威談到教育與社會之間的關聯：

> 社會分子有生有死，這原是無可避免的事實。這個事實就可決定教育的必要性。未成長的分子應受教導，把已經長成分子所有的興趣、目的、技能和習慣都吸收進去。若是不然，其社會特徵的生活就要終止了。……文明愈發達，未成熟分子的原有能力與成人的標準與風俗，彼此相差愈遠。如僅有形體的生長，僅能維持生計，還不能靠這樣把生活綿延下去。要想綿延一群人的生活，還要有方針的努力，與深思熟慮的經營。那些新生分子對於社會目的習慣，不但毫無所覺，且漠不關心，我們必須使他們對於這種目的與習慣都有主動的興趣，唯有教育能補這缺憾。[1]

1 John Dewey, (1966), *Democracy and Education*, p.3.

杜威認爲，教育活動的目的是使得新生的個人能加入已經充分發展的社會，讓社會能繼續重構與延續。這一段雖短，但已經把教育的目的，甚至是必要性講得非常清楚，人類社會需要新成員不斷地遞補進來，才能維持穩定的運作，但新成員對已經開始運作的社會結構或目的一無所知。我們需要教育他們來彌補這個缺口。沒有教育，社會就會因無法重構而漸漸死亡。

杜威所講的這一段，也許大家會覺得老生常談，未必能認可其必要性，但杜威由此引申出教育的核心原則。既然教育的目的是使人加入社會，那麼在設計教育活動內容時，我們也應該讓孩子（也就是新成員）能透過課程的幫助，盡可能地早日而且順利地融入社會。杜威的確有這樣的論述：

> 一切間接的知識材料，或有系統的科學材料，都是社會生活條件裡面所產生的，都是由社會的媒介傳遞下來的。但是這種事實並不能證明這類材料都有相同的價值，都可以用來養成現今社會分子的傾向，都可以用來養成現今社會分子的需要。課程計畫必須以改良我們的公共生活為宗旨，使未來社會比過去的社會更好。[2]

依照這樣的理念，讓我們反省到，教育應該不斷引領孩子加入社會，這是教育唯一的歸途。爲了要培養出良好的社會成員，要思考教育是否眞的將學生放在「進入社會」的位置，但是一般學校所提供的講授形式課程，上課過程中給予學生的並不是一個社會化的參與機

2 John Dewey, (1966), *Democracy and Education*, p.225.

會，而只是一個「接收者」的身分，學生接收、記錄與消化老師所提供的資訊，好像爲了度過飢荒而儲備糧食一樣。學生記錄與儲存不同科目的知識，卻無法從這些知識中獲得成長，因爲他根本沒有使用與練習的機會。這些糧食並不能讓他眞正參與社會，只是反應了他本身正在受教育的身分。

杜威的想法等於是間接地在說明，具有社會意義的探索團體，其實是符合教育背後的理念。任何人都能參與社會性的討論，使得自己從當中收穫成長的時候，才是眞正教育理念的實現。同爲實用主義哲學家的米德就清楚指出這一點：

> 基本上近代文明對訓練孩童的不同理解，可以由一邊是學校，一邊是家庭、市場或者農莊兩邊分工的不同看出。累積概念以及方法是學校的工作，而對知識的重新組織與試圖在社會中利用這些知識，卻留給了家庭、職業、遊戲間、街市以及廣義的社會。[3]

米德教授在接下來的討論中致力於批評學校剝除學生在社會中參予的身分，不但背離了教育的精神，而且孩子根本無法集中心力好好學習，孩子是透過「角色扮演」訓練其心智、集中力以及社會經驗，但學校教育不給學生參與社會的機會，只是把他們跟社會區隔開來，讓他們不妨礙社會運作。

所以教育應該給予學生一個實習社會化的機會，應該讓孩子在學習中扮演某些角色，讓他能在「做中學」。人類思想的意義保留在社會之中，也只有參與到社會意識裡，對於社會其他角色具有影響與貢

3 “Language as Thinking”, G. Mead, in M. Lipman (ed), *Thinking Children and Education*, (Kendall/Hunt Publishing Company Press), p.322.

獻，才是讓我們思想眞正的意義與歸向。

總而言之，不管是杜威教授還是米德教授的觀點，他們都認為教育活動本身的意義就是讓學生有「社會化」的過程，教育的目的是讓學生在社會中找到適當的扮演角色，所以進入一個理性溝通、多元成長的團體，不只是對教育有幫助而已，甚至可以說是所有教育的模範。

因此在這種以進入社會為目的的觀點之下，探索團體很可能是最成功的教育模型，因為它十足展現了三個特質：1.理性的，2.社會的，3.多元的發展面向。依照杜威教授的思想，這三個特質不但是教育最重要的特質，也是成功的社會發展、社會進步所需要的三個特質。

從這裡我們可以看到探索團體的概念可以走向一個社會發展的雛型概念。我們當然不必對杜威教授的概念照單全收，但留意到探索團體可能跟人類思想文明發展有所契合，是一件非常重要而且有趣的活動。這也說明了兒童哲學所培養的思考特質，連成人都可能受益良多。

談了兩節的探索團體，其實這兩節的探索團體強調的都不只是對孩子有用，而是還對思維本身有用，但是這畢竟是一本討論兒童哲學的教科書，在第三節的部分，我們將回到兒童哲學的發展本身，說明兒童哲學探討團體本身的意義與目的。

第三節　兒童的探索團體

這節我們來討論「兒童探索團體」。兒童正處於學習階段，依照我們前兩節的思路，做爲未來社會成員的一分子，他更需要學習和周遭伙伴的互動，建立他自身獨特的思考。個人獨特思考要透過與周遭伙伴互動的情況下慢慢建立，他人的思考對我們理解與發展自身思考而言，絕對是必要的。

但要眞的在能在團體中達到充分的分享、批判與交流，我們還需要「探索團體」相關概念的協助。探索團體是陪伴孩子建立思考的一個很具體也很重要的歷程，在這個團體中，孩子將學習如何陳述自己的想法與觀點，同時也學習聆聽團體中其他伙伴的想法與觀點，在相互交流的過程中建立個人的思考。

兒童探索團體的建立，其實並不容易。在李普曼的教材故事中，孩子總是能夠自己形成探索團體，自發地展開批判的思考與對話，但在現實世界中，我們很難期待這樣的活動自然而然發生。探索團體通常來自於成人的「建立」，當然這並不與存在著天然的探索團體式的對話相衝突。

當成人試圖建立兒童探索團體，也期待孩子透過探索團體成長時，無論如何，我們總要先確認一些保護孩子的原則，以免在學習之前就受到人際跟團體而來的傷害，因此，建立兒童探索團體時我們通常需要注意以下兩條原則[4]：

1. 在探索團體中的每一位孩子都需要受到尊重

當孩子在探索團體中受到尊重時，他才能對團體開放，讓自己是「自由的」參與團體，安心地對團體中的伙伴陳述他的想法與觀點；告訴自己無論是選擇發言或不發言，他都是「自由的」；他可以意識

4 Mattthew Lipman, (1978), *Growing up with Philosophy*, p3~8.

到他選擇發言不是爲了急於表現或炫耀自己的想法，或是當他選擇不發言時，也不是因爲擔心自己的想法沒有價值而羞於表達。

2. 在探索團體中的每一位孩子都需要受到保護

當孩子在探索團體中充分受到保護時，他才能安心地陳述個人的想法，因爲他相信自己的想法是有價值的，不會受到批評或取笑；而也無需擔心自己的想法會遭受到團體中其他伙伴刻意地挑戰或攻擊。當孩子在探索團體中充分受到保護時，他才能自在地參與團體中的討論，發言也好、不發言也好，都是個人的選擇，不需要感到任何的不安。此外，他也能坦率地回應團體中伙伴的想法，而不需擔憂是否會無意中造成伙伴的誤解。

在建立兒童探索團體時我們一定要對以上兩條原則有所體認，否則，孩子很容易從團體中得到不好的經驗，甚至被傷害，反而增加孩子與社會之間的隔閡。但若能以上述原則爲中心，建立兒童哲學探索團體，藉由團體的互動與分享，從中體認到其他課程難以體認的經驗。在前面這兩個保護性的原則運作之下，我們希望孩子從團體互動中深刻地感受到與體認到以下幾件事：

1. 每個人有不同的想法

在探索團體的互動與討論中，孩子經由陳述個人的想法和聆聽團體伙伴的想法，將學會每個個體是如此的不同，即便是同一個家庭的孩子也會有不同的想法；這樣的經驗對孩子而言是很重要的，他會因著這樣的經驗學會必須去尊重每一個不同的個體，沒有誰的想法是很奇怪的，或是誰的想法是很愚蠢的，只不過是每個人有不同的想法而已。

2. 每個人的想法都是有價值的

在探索團體的互動與討論中，孩子藉由聆聽團體中其他伙伴的想法，很自然地會發現，雖然每個人的想法很不一樣，但都是有價值的，這個價值也許不是爲我個人，而是爲團體中的某些伙伴；這樣的經驗可以幫助孩子學習到，他不單只是要尊重每一個個體不同的想法，而且還需要認眞地去看待及聆聽每一個個體在團體中的陳述。

3. 在團體陳述過程中有助於建立個人的想法

在探索團體的互動與討論中，孩子可以選擇陳述自己的想法，也可以選擇聆聽團體中其他伙伴的想法，無論是陳述或聆聽都是探索的一部分；唯有在一來一往的過程中，孩子逐漸體會到爲建立個人的想法，他需要學習如何清楚地表達自己的想法；在陳述的過程中，可以清楚地意識到自己思考的脈絡，或是藉由與伙伴的互動中，逐步地將自己的想法陳述得更清楚。

4. 聆聽其他伙伴的想法有助於建立個人的想法

在探索團體的互動與討論中，孩子一方面發現每個人有不同的想法，另一方面也發現聆聽團體中其他伙伴的想法，可以幫助自己打開思考的廣度，明白原來同樣的一件事可以有這麼多不同面向的看法與觀點；這樣的經驗將幫助孩子在建立個人思考的歷程時，知道爲了建立個人的思考，與伙伴的互動與交流是十分重要的。

5. 團體的互動有助於檢測個人的想法

在探索團體的互動與討論中，孩子除了可以學會思考的廣度之外，也有可能經由團體中其他伙伴的回應，進一步發現個人想法中的盲點或限度。在「探索團體」中的互動，彼此是對等的，不是在辯論，也不是在相互挑戰誰的想法比較精明，是沒有火藥味的討論，所以在互動中每個人都可以很自由地「修正」或「調整」自己的想法，逐步地建立個人觀點。

以上這些溝通交流的經驗有助於我們前段所說，幫助孩子更早爲社會中適當的角色而努力，在這裡，「社會」兩個字其實比較富理想的意涵。在現實生活中，也許社會裡的溝通不完全是理性的、相互尊重的或如此富批判性的，但如果我們不願意以這種角度去思考社會，那我們的教育，甚至包括對未來的期待也就無所適從。

以上幾項探索團體的特點有助於培養孩子穩定的情緒智商，因爲對他人情緒的同情與體認最常涉及的，就是聆聽、尊重與體認別人的想法。這幾點重要的信念，都是兒童哲學課程能夠提供的，而且就存在於這個課程的形式之中；而考慮我們第二段提到的哲學課程的內容，則又能增加孩子思考的深度與技巧、以及對自己看世界角度的覺察，這就是兒童哲學課程最重要的目標與競爭力。

第四節 建立兒童探索團體的自覺

建立兒童探索團體，陪伴兒童成長當然是一件很棒的事。除了下一章談到一些經營的實務技巧，以及對教材的基本認識之外，本章先談一下，建立者需要有一些「心態特質」，心態在初期的活動中非常重要，可以讓試圖建立探索團體的建立者先自我了解，自己是否願意投入，或自己有哪些特質需要調整。

一般來說以下三項特質是建立探索團體的人應具有的心態[5]：

1. 穩定長期地投入

探索團體的建立、成員的參與，都不是一蹴可及的。特別是許多團體在建立初期，往往因為害羞而無法很流暢地溝通，到了後期卻欲罷不能。建立兒童探索可能會有一段開始的期間，大家不善於也不樂於說話，這時建立者的耐心就非常重要，他需要耐著性子等待大家慢慢投入。

探索團體的正面效果往往需要長的時間才會顯現出來，因此是否能承受挫折，持續經營就非常重要，甚至還需要情緒穩定。如果是長期經營的話，難保不會在現實中遇到其他問題，是否能不被其他人生經驗影響，將負面情緒帶到團體中，這是非常重要的，像是孩子就很容易受到影響。總之，這些都需要穩定而長期的正面心態。

2. 開放與接受成長的心胸

探索團體要與孩子一起討論，一起成長。所有參與者皆處於平等的地位，而孩子特有的天真又常常會自然流露在對錯的討論上，所以要問自己，是否能開放自己，接受「被孩子糾正」的可能。堅持自己的權威，哪怕是一點點，都會被孩子們察覺出來。因此，千萬要確定自己，在對錯的問題上，能放得開，能承認錯誤，也願意接受正確的信念。

---

5 本段內容有許多部分參考林翠釵教授的「談帶領人的素養與準備」一文，《社區兒童讀書會帶領人入門手冊》，毛毛蟲兒童哲學基金會兒童讀書會研究小組編著，頁25-29。

長期與孩子一起討論，其實很多人在思考上慢慢有所進步，所以建立者也需要長期學習，有樂於成長的心胸，否則很快就會覺得疲憊不堪。

3. 自然展現公平與尊重

對每個孩子的尊重，以及毫無偏私的態度，應該要很自然地流露。孩子對於公平不公平有天生的敏感度，所以要經營一個長久的團體，勢必不能只注意某幾個孩子，不管他是不是會講話、是不是很活潑。要在團體中讓每個孩子都被尊重其實並不容易，最重要的是能在談話跟行動間自然流露，孩子對於流於形式的態度有很強的厭惡感，所以要在言行間確實做到。

以上三點是建立兒童探索團體時應確認自己具有的心態，準備好了也等於你真的能認同探索團體的理念，並願意實際去做。當中有些心態特質也許有程度多寡的分別，但盡可能勉勵自己，在一開始就開放到最大，如果這個兒童探索團體是由你來建立的話。具有這些心態的建立者，大部分都能在建立探索團體活動上得到美好的經驗。

雖然提出了一些基本的理念與心態的準備，可是實際經營兒童探索團體的細節尚未進入討論，本章主要是從理論角度來介紹與剖析，在下一章，我們要看一些實際的例子以及與帶領有關的實際技巧。

第五節 家長的態度

在臺灣，「討論」或「探索」其實非東方文化中的概念。完全不求任何最後的共識或結論，但卻又專注於理性思考，專注於事物的對錯，專注於對錯的討論，專注於個人在思維上的進步，這種意義的探討對我們而言其實相當陌生。楊茂秀就曾提到：

> Max Weber表示，東方的民主話因為缺少了尋找真理的判準，所以難以成功。我相信Max Weber的判斷值得我們深思。[6]

不含任何實際目的，只以眞理爲目的的討論的確在我們文化中較爲罕見，很多人聽到立刻就會覺得是浪費時間，我們平常所說的「討論一下」大概都有做決定或做決策的意思，通常只有在研究場合或讀書會，才會出現不求目的或決策的討論，專注在正確或錯誤問題上的討論。

也因此在臺灣，探索性對話的機會是很難得的，而且常常是直接被排斥的。但奇妙的是家長會鼓勵孩子參加一些自己根本不想參加的事情，如果學英文、學畫畫或學鋼琴是如此重要而且有趣，家長爲什麼不利用時間自己也學習？

筆者想要說得是，讓孩子參加探索團體，可以培養理性思考，以及理性對話的能力與習慣，但是，孩子在家庭中活動的時間畢竟比課堂更多，而家長對孩子的影響又至爲巨大，如果家長無法在家庭中與孩子好好地以理性爲判準來對話，那麼在團體中所培養的理性習慣與思維都將會化爲烏有。

筆者的建議是，當鼓勵孩子參加探索團體時，家長也應該培養自身理性對話的氣質與特色。在人生成長的過程中，有很多時候需要進行理性對話與溝通，也有很多需要一起探索的機會。家長若具備探索

---

6 《成人讀書會：探索團體的經營》，楊茂秀著，頁11。

團體成員的特質，在每次孩子有疑問時，都能進行探索式的對話，如此方能持續鼓勵孩子在思考上的探索，繼續成長。

第八章　探索團體的經營與實例

本章主題是兒童探索團體的實際經營面，我們將介紹如何實際地建立一個探索團體、人員、場地考量等，一些簡單的帶領技巧，以及建立者可能會遇到的困難與挑戰。最後，我們由一個附有詳細紀錄的實例，讓讀者能透過文字親身經歷到探索團體的進行。

第一節　舉辦探索團體的參考資訊

進入實際「兒童探索團體」（以下簡稱「探索團體」）的經營，我們需要捲起袖子來專注考慮幾個更爲實際的問題。今天假定我們想建立某個以「兒童」爲中心的探索團體，排除理念建設的問題，我們仍想問以下幾組問題：

1. 探索團體的成員有哪些？有沒有人員數量上或年齡上的限制？帶領團體的主角是誰？

首先，就活動性質考量，探索團體的成員不宜太多，比較合適的成員人數約八到十位。太多的孩子會造成發言秩序的混亂，超過十五個孩子以上，如果不盡力維持秩序，恐怕連聽到有人說話都很困難。

探索團體的人員年齡是完全沒有限制的，事實上大人也可以建立探索團體，只不過不是現在關心的主題罷了。然興趣與思考最好相近，在兒童探索團體中，每一個探索團體成員的年齡不要相差太大，最好是同一個年齡，例如都是小學三年級或是五年級，不但容易溝通，也容易營造平等討論的氣氛。

探索團體的主角當然是孩子，這裡所說的孩子是指「每一位」，而不是那一位頻於發言或擅於表達的孩子；每一位孩子都需要被視爲是「主角」，任何一位「主角」的發言都當獲得相等的對待與重視、肯定與鼓勵，唯有如此，在團體中的每一位主角也才能安心地陳述個人的想法。

在探索團體中，家長或老師是這個團體的「陪伴者」，而不是「指導者」、「領航者」甚或「裁判者」。陪伴孩子一起參與探索團體的老師或家長，同時也應該參與探索的歷程，如此方能更鼓勵孩子進入並習慣於討論。或許因爲人生的經驗或帶領的經驗較多，陪伴者初期可以協助探索團體更快進入軌道，但不是讓陪伴者來總結討論的內容，而是引導團體討論的方向爲理性的思辯，以及協助每一位參與的孩子意識到也體會到，無論是有發言或是保持沉默，他都是團體中的「主角」。總而言之，協助維持探索團體討論的良好氣氛與結構。

另外，除了陪伴者之外，需要尋找一位伙伴擔任該探索團體的「探索團體觀察者」，在一旁全程「觀察及記錄」整個探索團體的進行情況，包括陪伴者及孩子們的談話或回應，並將此紀錄提供給陪伴者參考及提出建議，與陪伴者討論他的作法。記錄孩子的發言與討論是一件有趣的事，不只能讓自己更了解孩子的想法，觀察孩子的互動，也能對討論問題有更深的思考，而且最重要的一件事是：要爲孩子的表現與進步留下完整的紀錄。

所以請盡可能以「每個孩子」爲中心來記錄，這不是監督審查「陪伴者」的報告。當探索團體進行了一段時間之後，我們就可以對照看看，孩子是否更願意發言、更理性地思考。甚至，如果有錄音設備的話，還可以轉換成最細的逐字稿，可以跟其他新進的陪伴者一起分享自己的經驗。

2. 兒童探索團體的活動適合在哪些地方舉行？場地要有怎樣的設計？

兒童探索團體在「場地準備」上有六點可以稍微注意：

(1)選擇能讓孩子放鬆，而且感覺舒適的場所，並使孩子能專心在討論活動上。太小的孩子請考慮椅子高度是否適合其身高，否則會讓他難以放鬆。一般人的住所通常有比較多的物品，容易讓孩子分心，所以較不推薦。

(2)因為討論的關係，需要每個人都能夠發言，而且需要每個人都聽到對方的發言，因此場所最好不要有太多的噪音，也不要使用擴音設備，使用這類配備的感覺完全像在開會。

(3)最好每個人都有自己使用的桌椅，因為有時思考或活動的進行需要寫字或畫圖。桌子也要根據孩子的身高。

(4)桌椅最好是可以移動的，方便分組討論或進行其他活動。

(5)最好有公共記錄的設備，例如：黑板、白板。探索團體常常需要把每個人的想法、問題、困惑，記錄在大家都可以看到的地方，以期能透過大家一起持續地思考激盪出火花。

(6)空間布置宜採取所有人圍成一個圓圈或方形，以便讓每個孩子都能看到其他人的表情、身體動作，提高團體內互動的興趣。

特別注意，陪伴者在團體中不應坐在特別的位置，而應加入探索團體，並且在發言及行動上，都要展現與所有人處於完全平等的位置。

綜合以上幾點，可以發現最適合探索團體進行的地方，還是「教室」。不管是學校教室或私人機構的教室，都可以輕易滿足這六點條件。相對來說，「會議室」有白黑板，但是桌椅的高度通常很難調整，也無法移動桌椅，所以這算是第二選擇。而相對來說，「住所」就很不容易滿足，如果要長期在家經營探索團體的讀者，可能可以在預算許可情況下先準備黑板。

3. 兒童探索團體進行討論的主題是什麼？由誰決定？

理想的情況是，兒童探索團體中所要探索的「主題」，不應由老師或家長決定，而是由團體中的「主角」一起討論而形成。當然在一開始，老師或家長可以提供孩子適當的兒童哲學教材（如前述章節所介紹的）或討論材料，藉由這些教材的閱讀引發孩子探索的興趣，幫助孩子找到他們自己有興趣的主題，但這也僅僅是盡到輔助之責而已。或許我們可以這樣說，討論探索團體的活動主題的過程本身就是已經是一個探索的活動了。

家長勿須過於擔心孩子可能會對某些主題沒興趣，事實上，許多老師親身的經驗都是「孩子相當喜歡談話」，而且能夠自主地談話、回應並進行討論，不論任何主題。陪伴者不需要耗竭心力地設計各種主題，因爲整個討論的方向本來就應該隨著團體思考方向發展而定。

前幾章哲學課程教材裡都列了許多可能的討論主題，有興趣的讀者可以再回頭參考第二單元前兩章李普曼所設計的討論問題，並在理解吸收之後展現你個人的創意。另外，如果要利用多媒體教材爲主題來進行討論的話，需要注意整個活動時間是否足夠。

4. 兒童探索團體進行討論的步驟或程序是什麼？有什麼值得注意的地方？

探索團體並沒有進行方式上的規定，通常的程序是：大家一起念一段教材→透過詢問尋找討論主題→將大家的想法或問題寫在黑板上

→針對寫下來的問題或想法進入討論。

論時間不要太長，約四十到五十分鐘，避免孩子因時間過長降低了參與探索的熱度；(2)陪伴者不管有幾位都一定要一起加入討論；(3)一旦尋找到孩子有興趣的主題，就可以直接開始或進入討論，不需要拘泥於預備好的主題，也不需要把所有預備的想法討論完；(4)陪伴者在當中絕對不要扮演裁判者甚至是發牌者的位置，要讓孩子自由地進行；(5)孩子的表達跟說明通常會比較短，也比較容易被彼此的互動打斷，但越大的孩子就越可能用更長的方式來表達意見，這時候，適時地用打斷或調整討論方向就是必要的；(6)成功的討論不見得要每個人都說話，有些孩子可以用聽的方式參與在團體之中。當然，適當時候鼓勵他們發言也是可行的；(7)盡可能引導孩子，從具體的例子之中，找出背後的理由或原則，並且試圖把這個原則應用在其他情況之中。

以上對這四個問題的初步回答，就是兒童探索團體進行討論時細節部分的描述。當然還有許多與兒童哲學或探索團體理念相符的活動或技巧，也都是可以應用的。第九章第三節還有一些暖身活動設計的介紹，也可以供參考使用。

第二節　探索團體的持續經營

本節主題是如何經營探索團體，探索團體不是一次、二次的活動，常常是一個月以上的課程或教學計畫，除了每次好好準備之外，陪伴者也需要協助整個團體的經營以達到穩定發展的狀態。

在探索團體發展初期，爲建立一個穩定的探索團體，最重要的是有適當的場所及穩定的參與成員。參與成員最好保持固定，因團體發展需要時間，不是一次就完成，參與的成員需要足夠「穩定」才能形成眞正的探索團體；如果每次參與的成員都不一樣，陪伴者也會很辛苦，需要每次不斷地重複說明探索團體的中心理念。

探索團體發展初期，可以以陪伴者事前準備的兒童哲學教材作開始，邀請參與的成員一起閱讀，之後開放時間，邀請參與的伙伴提出他有興趣的討論主題；如果孩子沒有發言，陪伴者可以稍作等候，或引用兒童哲學教材中的討論材料，嘗試引發孩子探索的興趣。當孩子對兒童哲學教材提出回應或期待討論的主題時，陪伴者可以將這些主題一一書寫在白板上，在書寫的過程，陪伴者需要與提出看法的孩子作「確認」，注意，這一步非常重要，以釐清陪伴者所寫的確實是孩子的想法。

陪伴者將孩子有興趣的討論主題一一書寫在白板的過程中，如果有孩子等不及地回應某些主題，陪伴者除了表示歡迎之外，也可以邀請其他的伙伴發言，如果也有孩子回應，那就形成探索團體的雛型了。陪伴者不需要等到所有的孩子發言或提出有興趣的主題後才開始進行討論，只要任何一位孩子對白板上所列出的任何一個主題有回應，陪伴者即可以此展開探索的歷程；當然在進行探索的過程，也需特別注意到是否有任何一位孩子不經意地成爲「配角」，陪伴者可適度地將注意力放在尙未發言的孩子，徵詢他是否有任何想法或回應。

探索團體在發展的過程中，如果團體成員彼此之間有很好的互動和交流，陪伴者可選擇暫時放手，讓孩子自行探索；或者當團體成員彼此之間遇到探索的瓶頸時，陪伴者則可適當地進入孩子的探索歷程，協助他們找到線索，重回探索的歷程。

陪伴者在探索團體發展的過程中，需要盡可能地將注意力放在團體中的每一位伙伴，當任何一位伙伴發言時，陪伴者可以表示肯定與鼓勵，幫助他看到「每個人的想法都是有價值的」，也同時讓團體中的其他伙伴學習聆聽他人的想法，和體會到「每個人有不同的想法」；或者當他還無法清楚地陳述個人的想法時，陪伴者可以協助他或引導他進一步地釐清所想要陳述的。

長久的經營一個探索團體，最不可或缺的或許是觀察者的紀錄，觀察紀錄能讓探索團體的成員明確感受到，自己或者其他人在其中成長與進步，因此不管是陪伴者自己擔任記錄者，或者是另外邀請一位觀察記錄者，都應該將整個活動過程詳實記錄，並做有系統地歸納與整理。

要帶領好一個兒童探索團體，可能需要兩位以上訓練有素的人員，全程投入經營團體與完整記錄。如果還考慮到由陪伴者本身展示對話過程，那麼很可能需要兩位以上的陪伴者，增加陪伴者也可以自然地管理好課堂的秩序。但讓每個孩子，甚至是帶領人員，都能在思考上有所成長，並且能擁有一段快樂而努力的時光，我想是相當值得的。

總而言之，初期的重點是耐心，中期開始要轉移到紀錄身上，但兩期都需要陪伴者的注意與自覺。若探索團體進入長期發展，那通常夥伴之間的情誼與默契，已經可以將所有問題解決一半，剩下的頂多是誰來記錄，或者是場地問題。探索團體是一個創業維艱，但能讓人倒吃甘蔗的團體活動。

明白這些點，也可以勉勵初期建立的陪伴者，只要堅持原則繼續努力，狀況一定會越來越好，而這正是經營探索團體最大的祕訣。

第三節　經營兒童探索團體的挑戰與困難

探索團體在發展的過程中，當然也會遇到一些挑戰和困難，陪伴者也需要對這些可能發生的考驗有所了解。以下將這些挑戰分為三方面，我們僅做簡單的描述，以及一些基本回應的方式，當然原則上這些細項每一個都可以繼續深入研究跟討論，只是礙於篇幅所限，不是當前的任務而已。

1. 來自團體參與者（孩子）的挑戰

在「探索團體」中，孩子是主角，理所當然地第一個挑戰也是來自這群「主角」，不過與其說是挑戰，倒不如說是孩子的天性與純眞，畢竟孩子也需要經由探索的過程來學習。又可以細分為兩點：

(1)孩子對探索失去熱度

在探索團體進行中，有些孩子會充滿熱誠，積極地參與探索歷程，不時地發言表達個人的想法或回應他人的觀點，但是免不了的也會有一些孩子採取「觀望」的態度，甚至有可能有點「冷淡」，這時候陪伴者就產生些許小掙扎，是要將注意力放在進行得很熱絡的探索歷程，還是要想辦法去引燃那些處於「觀望」中的孩子對探索的熱度。

陪伴者一方面固然要注意不要讓部分孩子觀望得太久，但是也不必太急著去將這些孩子拉進來參與，因為「無論是選擇發言或不發言，都是孩子的自由選擇」；陪伴者只要適時地探詢一下：「有沒有誰還沒發表過意見的想要說一下自己的想法呢？」

(2)孩子對探索失去耐性

在探索團體進行中，有些孩子會一直對探索保持熱誠，沉浸在和團體伙伴中互動往來，但也有可能會有些孩子比較沒有耐性，習慣於總是要有所謂的「明確的答案」，這時候可能會爲陪伴者帶來一點小小的壓力，孩子可能會表示：「老師，你直接告訴我們答案嘛，這樣討論很浪費時間耶！」

面對這樣突如其來的質疑，陪伴者可千萬不要自亂陣腳，也不要將其視爲是孩子的挑釁，畢竟孩子的發言只是表達他當時的想法，沒有任何的惡意。陪伴者可以很認眞地回應：「答案啊？我也很想知道答案啊，那我們就一起來想辦法找到答案吧！你有什麼好的意見或建議呢？」

2. 來自孩子家長的挑戰

有些探索團體在進行的過程中可能會有孩子家長的參與，這樣的情況當然許可，這是讓孩子的家長認識與了解「探索團體」的好機會。但是有可能因著家長對兒童哲學或探索團體有不同程度的認識，有些家長也許會提出一些他們的看法：「這樣的討論到底對孩子有什麼幫助呢？只不過是針對一些名詞相互表達個人的觀點而已，這樣就能幫助孩子的思考嗎？」

孩子的家長會提出這些看法，主要是他們期待兒童哲學探索團體的探索歷程可以有「具體的」、「立即的」或「可見的」效果；陪伴者面對家長的這些意見，最好的方法也是最直接的方法，就是向孩子的家長說明思考歷程的探索是無法「速成的」，不是麥當勞或肯德基，探索團體的探索歷程確實需要有足夠的時間來蘊釀，深入的思考也需要長時間的運作來培養，急不得。

另外，如果有關於整個探索團體對話的紀錄，這時候就會發揮關鍵性的功能，這些紀錄可以讓家長「清楚地」見到，自己孩子在參與過程中慢慢地成長。有了孩子個人的紀錄，家長也比較可以注意到自己孩子的個人獨特發展，不僅能養成更整全的教育視野，也能增加親子之間的關係。

因此客觀而詳實的紀錄，格外重要。

3. 來自團體陪伴者（老師或家長）的挑戰

陪伴者在探索團體的發展過程中，除了面對可能來自孩子和家長的挑戰之外，對於自己本身的現況也需要有足夠的敏感度，因爲有一些挑戰是來自陪伴者本身。又可細分爲以下三點：

(1)陪伴者太過投入

陪伴者對於探索團體的投入固然是專注的，因爲要專心地聆聽每一位孩子的想法，也需要普遍地觀察每一位孩子參與的情況，但是千萬不要因爲太過專注而不自覺地「掌控」了「探索團體」在探索歷程中的自主性；陪伴者需要給孩子時間與空間自己去「發現」思考的樂趣，從中建立個人對思考的信心與自信，這個過程也許很快、也許很慢，每一個團體的發展不完全一樣，陪伴者千萬不能操之過急。

(2)陪伴者對兒童哲學教材不夠熟練

陪伴者在進行探索團體的探索歷程前，一定要盡可能地對即將使用的兒童哲學教材多加演練，特別是教材中所提供的各個不同的討論材料及討論的題目，也許有些題目陪伴者本身並沒有太大的興趣，但不能因此而忽略這些主題或討論題目；陪伴者在陪伴孩子進行探索歷程時，並無法設定孩子會對哪些主題產生興趣，在進行的過程中也要避免只對自己有準備或有興趣的主題予以回應，而對自己沒興趣的主題採取迴避或閃躲，這樣的作法對探索團體的探索歷程沒有幫助。

(3)陪伴者不敢放手

探索團體在發展的過程中，有可能會遭遇「探索的瓶頸」，也許是有些伙伴的互動越來越直接，或者是開始有火藥味產生，例如：「我不想跟你說了！你亂講！你不對，我才對！」這時候陪伴者也許會急著介入以避免場面太過於尷尬，或擔心這樣的氣氛會影響後續的探索歷程；當探索團體遇上這樣的狀況時確實會有一些風險，但這同時也是一個很好的學習機會，陪伴者要給探索團體一些時間與空間，讓每一位孩子有機會去發現自己是主角，或許就會有孩子挺身而出制止或表示意見，這也可以反映出他們才是探索團體眞正的主人。

總而言之，把這三點綜合一下，就是對家長與孩子要盡量保持耐心地安撫，對自己則要有自持地嚴守探索團體的理念，並對孩子有信心，這是面對兒童探索團體困難與挑戰的基本態度。

第四節 建立「探索團體」的實例

爲建立探索團體，需要有適當的討論材料或媒介，也就是兒童哲學的「探索團體教材」，李普曼曾爲不同年齡層的孩子編寫許多教材，例如在前述章節所介紹的：《艾兒飛》、《鯨魚與鬼屋》、《靈靈》、《哲學教室》以及《思考舞台》。

除了這些系統性的教材之外，對兒童哲學探索團體有興趣的老師或家長，也不妨嘗試自行編寫一些「短篇式」的討論材料，藉由不同主題材料的嘗試，讓更多對兒童哲學探索團體有興趣的老師、家長或大哥哥大姊姊，可以在嘗試建立探索團體時，有更多的材料作選擇。

以下有四個實例，實例一和實例二是可以在探索團體中使用的討論材料，實例一是一段老師與同學的對話，這是一段很平常的對話，在對話中可引發幾個哲學思考的主題，適用於小一到小三的學童；實例二是以童話故事的題材編寫，在故事內容中隱含了幾個哲學思考的主題，適用於小三到小五的學童。

實例三和實例四是不同形式的材料，這兩個實例是將發生在一般家庭中家長與孩子（學齡前）的對話作記錄，提供給對兒童哲學有興趣的老師、家長或大哥哥大姊姊作參考；兒童哲學的對話可以是很隨機的，是生活中的任何一個片段，抓住機會就可以和孩子展開一段「探索團體」的對話。

實例一

老師：大家好，我的名字是葉榮福，你們的名字是什麼？

宇謙：我的名字是李宇謙。

雅玲：我的名字是張雅玲。

雅琪：我的名字是李雅琪。

伯恩：我的名字是王伯恩。

冠傑：我的名字是趙冠傑。

凱婷：我的名字是楊凱婷。

老師：你們的名字是誰幫你們取的呢？

雅玲：我的名字是我的爸媽幫我取的，他們有告訴我他們幫我取的名字是希望我是一個又文雅、又玲瓏的孩子。

伯恩：什麼是玲瓏啊？

老師：雅玲，你知道什麼是玲瓏嗎？

雅玲：不知道耶，我的爸爸就只是告訴我，希望我以後是一個玲瓏的孩子。

冠傑：老師，我爸爸說希望以後我可以做一個很棒的人，所以給我取名字叫冠傑。

老師：很好，還有誰知道自己名字的意義？

凱婷：老師，我不知道為什麼我要叫凱婷耶？我的爸媽沒有跟我說過耶！

老師：凱婷，沒有關係，妳今天回去可以問一下爸爸媽媽，妳的名字是誰取的，有沒有特別的意義？你們喜不喜歡自己的名字呢？

冠傑：我喜歡我的名字，可是有點難寫。

雅琪：我不喜歡我的名字，因為很多人都會叫我鴨子。

老師：為什麼會叫妳鴨子呢？

雅琪：他們說我的名字叫起來很像在叫鴨子。

老師：所以妳的意思是，因為有人會叫妳鴨子所以妳就不喜歡自己的名字？

雅琪：對！我想要有另一個名字。

老師：我們可以給自己取另一個名字嗎？

可提供討論的主題

1. 我們的名字是誰取的？
2. 我們的名字都有意義嗎？
3. 我喜歡我的名字嗎？
4. 別人可以幫我取名字嗎？
5. 如果我不喜歡我的名字，我可以另外取個名字嗎？
6. 我可以給別人取名字嗎？

實例二

小綿羊的生日快到了，他好高興，今年他要好好慶祝一下。他要請他所有的好朋友一起到他家裏來。於是，小綿羊一個一個地拜訪他的好朋友，他的好朋友是小狗、小貓、小老鼠、小白兔、斑馬、大象、長頸鹿、鱷魚、海豚等好多好多。

這一天，小綿羊來到一個好朋友的家裏，他輕輕地敲門並對著裏面說：「我的好朋友獅子大哥哥，你在家嗎？」

獅子大哥哥聽到是小綿羊的聲音，趕快出來開門，高興地回答：「小綿羊，小綿羊，你來了啊！來！來！進來坐！」

「獅子大哥哥你好嗎？好久不見了。」小綿羊滿面春風地說。

「我很好，謝謝你，你呢？看你那麼高興，是不是有什麼好消息要告訴我？」獅子問。

「是啊！我要告訴你一個好消息，明天是我的生日，我請了很多好朋友到我家裏來，你一定要來喔！」小綿羊興奮地說。

「太好了！太好了！明天是你的生日。謝謝你來請我，不過我不能去。」獅子難過地回答。

「為什麼呢？為什麼你不能來？」小綿羊感到很驚奇。

「我很想去，不過，我怕我去會把你的朋友嚇跑。」獅子很傷心地說。

「不會的，不會的，你不會把他們嚇跑的。」小綿羊安慰獅子不要難過。

「是真的嗎？我真的不會把你的朋友嚇跑嗎？那麼為什麼每次我要和他們做朋友時，他們都跑得遠遠的？根本沒有人和我做朋友。」獅子還是有點擔心。

「我不是你的朋友嗎？你是我最好的朋友了。我會告訴他們你是我最好的朋友，他們也會和你作朋友的。」小綿羊很開心地說。

獅子哥哥聽了小綿羊的話，心裏也好開心。

可提供討論的主題

1. 獅子和小綿羊是好朋友，他們真的是好朋友嗎？好朋友的定義是什麼？
2. 你有沒有好朋友？你的好朋友是誰？為什麼他／她們是你的好朋友？
3. 每個人都有好朋友嗎？有沒有人沒有好朋友？為什麼會有人沒有好朋友，像是故事中的獅子？
4. 一個人會有幾個好朋友？很多嗎？還是很少？
5. 會有人害怕和別人做朋友嗎？

實例三

背景說明：望望（家中的老大，約六歲）、恩恩（家中的老二，約四歲）、樂樂（家中的老三，約兩歲）

望望：爸爸，我的感冒好了。

爸爸：你怎麼知道你的感冒好了？

望望：因為我沒有打噴涕了。

爸爸：沒有打噴涕就是感冒好了啊？！

恩恩：不一定啊！可能會有發燒。

望望：我又沒有發燒。

恩恩：可是感冒會有很多種情況啊？

樂樂：還有會流鼻水啊。

爸爸：對了！感冒會發燒，流鼻水和打噴涕，還有呢？

樂樂：過敏也會流鼻水啊！

爸爸：對了！流鼻水不一定就是感冒，過敏也會流鼻水，感冒還會怎樣呢？

恩恩：感冒還會喉嚨痛。

爸爸：很好！所以搞清楚你是不是真的都沒有問題。

恩恩：咳！咳！

樂樂：瞧！恩恩感冒了。

實例四

恩恩：爸爸，我可不可以不要穿這雙鞋子？

爸爸：為什麼？

恩恩：因為這雙鞋子比較不好穿。

爸爸：可是這雙鞋子還蠻新的啊？！

恩恩：可是它就是不好穿啊！

爸爸：你的意思是你覺得這雙鞋子不好穿，所以你就不想穿它，然後等到以後你的腳變大不能穿了，你就可以不必再穿了。

恩恩：可以留給弟弟穿啊！

爸爸：你想你不想穿的，弟弟會要穿嗎？

恩恩：不一定啊！也許他會要穿。

爸爸：你覺得大哥不想穿的，你不想穿的，他會要穿嗎？

恩恩：（想了一下）大概不會罷！可是我一定要穿嗎？

爸爸：我沒有說你一定要穿，我的意思是如果你覺得那不好穿，你就不要穿，把它收回鞋櫃，那麼是不是以後你就可能不會再把它拿出來穿了？

恩恩：嗯！

爸爸：如果這樣不是很浪費嗎？

恩恩：可是我一定要穿它嗎？

爸爸：我沒有說你一定要穿，你不想穿也沒關係。

恩恩沒有回應，走到房間去，又回來說：爸爸，冬天快到了，比較會下雨，鞋子容易溼，那時我再拿出來換著穿好不好？

爸爸：很好啊！

第五節 各種阻礙

其實在第三節遇到的三組阻礙中，根據過去經驗，最常見的是來自於「家長」這方的阻礙。家長對探索團體沒有信心，或者給孩子安排太多的課程，讓孩子無法參加探索團體。我們第三章討論時曾指出父母有決定孩子接受哪一種教育的權利，的確，父母最常用的權利就是這一個。

通常阻止孩子參加探索團體，有以下幾個常見原因：

1. 時空問題：沒時間、地點太遠之類的問題，這類問題通常能解決的空間有限。如果眞的跟孩子課程或才藝班時間衝撞，說服的機率就會變低。所以一開始安排團體時間時，需要格外小心挑選空閒的時間。
2. 預算太高：兒童哲學課程畢竟也是課程，不可能沒有任何成本，雖當事者有熱心服務，但這類持續性的團體長時間之後仍是一筆負擔。覺得成本過高，這類問題的解決空間會比較大，因爲兒童哲學課程幾乎沒有市場價格可言，通常就會是理念問題的另一種變化型式，舉辦家長說明會向家長說明兒童哲學的理念會通常是處理這個問題的最好辦法。
3. 不知道爲何而來：如果不是一開始的理念問題，那就表示孩子已經參加了一陣子探索團體了。如果仍然有這個問題，那可能就需要孩子活動的紀錄。如果能拿出完整的個人紀錄，這個問題就解決一半了，因爲大部分的孩子都能在這類課程中慢慢進步的。

如果眞的進步不明顯，也可以順便思考一下孩子是否有學習的障礙，或需要處理的情緒問題。而這也再度說明了客觀記錄的重要。

4. 怕麻煩：通常會扯到這個問題的家長，都已經快要被說服了，他們想聽的就是安心兩字。不管是怕自己的孩子找麻煩，或其他的孩子，我們都需要跟家長保證老師的專業性。孩子很多行爲理解之後就不會覺得是麻煩了，所以如果已經透過課程預備這一部分，那說服家長的機率就很大。

以上僅是一些常見的原因，以及簡單的實務經驗分享，願有興趣的讀者都能順利建立好的探索團體，幫助孩子在思考上成長。

第九章　兒童讀書會

第九章我們觀摩一個經營與運用十分成功的探索團體：「兒童讀書會」，這是毛毛蟲兒童哲學基金會與文建會合作推廣的計畫。兒童讀書會是將探索團體的概念，應用在兒童文學作品的閱讀與討論上所產生的兒童探索團體，臺灣各地已經有許多故事媽媽投身於讀書會的服務之中，幫助孩子成長。我們需要盡可能吸收學習這些寶貴的經驗，做爲未來兒童哲學課程延伸發展的目標。

第一節　兒童讀書會

本章所提到的「兒童讀書會」，其實是個類似「專有名詞」的概念，它並非指任何成員爲兒童的閱讀團體。這就好像本文提到的「探索團體」，並不是所有自認或公認其成員在任何一方面探索的團體，都叫探索團體。字詞的使用有廣義有狹義，本章所使用的「兒童讀書會」，是比較狹義的那一種。

兒童讀書會的構想，是從兒童哲學課程的理念和做法衍生出來。我們把兒童哲學課本換成了兒童文學書籍，希望能保留探索團體的雛型，加上引領孩子接觸課外讀物的用意，成為一種新的面貌：以合作為導向的兒童讀書會。兒童哲學是原生於美國的教育方法，到了臺灣之後，注入了許多的兒童文學與故事，變得更為多元而趣味。[1]

1　《社區兒童讀書會帶領人入門手冊》，毛毛蟲兒童哲學基金會兒童讀書會研究小組編著，頁6。

以上這段是對兒童讀書會一段簡單的介紹，經過前幾章辛苦的閱讀，各位讀者應該不難理解這段文字。李普曼教授所編寫的哲學故事教材，其實本身也是具有豐富意義的兒童文學作品，而探討哲學故事教材當然是一種讀書會；站在另一方面來說，幾乎所有好的兒童文學作品都有引人思考跟發人深省的一面，因此就深化孩子思考而言，文學作品亦富含哲學意義。

這是從較廣義的角度思考，若注意細節，兩者間仍有不同。通常在兒童哲學教材中，特別是李普曼教授編寫的教材，含有較強的邏輯性、更多對普遍原則的辨認以及增進思考技巧的討論，這些通常不是文學作品關心的題材。文學作品比重更高的是關於情感、價值、生活目標、社會關係等複雜成分的體認與深思。另外，哲學課程教材所談的哲學濃度通常較高，一小段文章裡面就有好幾個爭議的議題，而文學作品通常會以一個中心思想為主軸，因而更平易近人。哲學課程的教材與兒童文學的作品，均各有其本身存在的特殊之處。

兒童文學讀書會與兒童哲學課程，站在更廣義的角度來看，其實是相輔相成的。兒童讀書會進行方式，因為文學作品的親和力與共鳴感更好，所以讀書會的活動設計常是更生動與活潑的，在推廣上，文學名著可能一般家長更熟悉，也更不排斥。哲學課程雖然較為困難，但若能成功地推展，不但能增加孩子學習與思考的速度，也能透過思考的深入，讓孩子更容易欣賞文學作品之美。

總之，我們需要用同伴的眼光來觀摩兒童讀書會。林翠釵教授指出，對觀察兒童讀書會的大人（這裡指的應該是「陪伴者」或家長）來說，兒童讀書會有三個不同的意義：

1. 讓孩子快樂的學習，不把閱讀當作一件困難枯燥的活動。
2. 學習提出問題，提出自己的想法，這是學習獨立思考、獨立判斷的第一步。

3. 同儕學習能夠透過跟身邊同學的交流學習，在人際互動中了解彼此。[2]

其實以上所提到這三點，都符合我們前八章對兒童哲學的討論。也許我們站在論理思考角度時，對於第一點：「快樂地學習」比較少提到，但這對實際推行活動來說可能是最重要的一點，若孩子根本不想來，一點也不喜歡讀書會，再多的好處都只是換個形式的牢役。這也提醒我們在思考與設計兒童哲學教材時，若想要對孩子有實際的幫助，應將「趣味性」因素考量拉到最高，讓兒童哲學的教學跟設計眞能達到「寓教於樂」的境地。

除了傳統上大人的角度之外，林翠釵教授還分享了寶貴經驗：孩子到底是怎麼看待讀書會的。以下所列這幾點是參加過兒童讀書會的孩子所述，對讀書會活動的回應：

1. 很開心，因爲不用寫作業、心得、作文。
2. 很棒，可以自由問問題，可以想說什就說什麼，還可以在課程時間跟同學說話。
3. 除了讀書之外還有一些有趣的活動，例如做美勞、畫圖、音樂等。
4. 可以認識新朋友，可以跟平常不是同班同學的朋友見面。[3]
5. 不用坐得直直的，行動受到限制，比較輕鬆。[4]
6. 老師很認眞或老師很厲害或很好笑。[5]

由孩子天眞的角度可以看到，孩子是眞心喜歡讀書會的。許多孩子也喜歡在讀書會中分享或講話，也喜歡聽同學講話，只是這些在平

---

2 Ibid.，頁17-19。
3 Ibid.，頁20-21。
4 Ibid.，頁163。
5 Ibid.，頁164。

常占他們生活中太少的時間。在學校時，大部分時間是由老師上課，很少會允許同學在上課講話。回到家庭，跟父母講話的態度又跟同學完全不同。這些讀書會的確是能提供孩子另一個思考跟發展的空間，而且是在輕鬆與愉快的氣氛之下完成。

由兒童讀書會的設計與執行，特別是從孩子那裡得到的回應來看，我們學到兩個非常重要的經驗，「趣味性」與「溝通性」是孩子會繼續參加探索團體的理由，若失掉了這兩點，再好的課程規劃，也都只是增加孩子的負擔而已。

我們這一節對兒童讀書會的基本理念做了個簡單的描述與討論就已經收穫不少，下一段，我們進入兒童讀書會舉辦的細節討論上。

第二節　兒童讀書會的舉辦

前一節提到，對一般家長來說，兒童文學名著的讀書會反而比兒童哲學課程要來得更爲熟悉與安心，所以當推行諸如此類課程之初，如果家長對於哲學課程不熟悉因而不安時，也許從兒童文學名著的讀書會開始是一個很好的切入點。畢竟，兒童權利部分我們提到過，父母有權決定孩子受何種種類的教育。

兒童讀書會跟哲學課程一樣，需要長久耐心的耕種，因此最好挑陪伴者連續三個月以上都能使用的時間跟地點，根據經驗指出，孩子對陪伴者的熟悉度對團體氣氛營造影響很大，所以頻頻更換陪伴者可能會造成團體無法凝聚的現象。

讀書會場所的挑選，以及探索團體人數的限制前一章已經提過，特別注意旁邊是否有雜物讓孩子分心，桌椅高度是否適合孩子這兩點，因爲越小的孩子，被這兩點影響越大。學校通常會有適合高度的桌椅、黑板，以及沒有雜物，是兒童讀書會的首選。在帶領人的家中舉辦很可能會缺乏前三者，但有親切放鬆的效果。

在帶領人的分享中，有兩個新地點是值得大家參考的。一是「大型兒童書店」，有越來越多的社區書店，願意開放空間給社區民眾舉辦文化活動，如果書店願意支持這樣的活動，通常它們的設備都是很齊全的，可以替讀書會帶領人省掉尋找空間的困難。在盡量減少廣告嫌疑的前提之下，這會是個很好的選擇。

另一個值得推薦的是「社區文化中心」或「圖書館」，現在越來越多的文化中心與圖書館都會有「附設兒童閱覽室」，有很適合辦活動的場地與器材，也願意在閱覽室舉辦文化活動，甚至兒童哲學的讀書會也可以，如果能跟館務人員接洽好，甚至會有多媒體的設備可以運用。

兒童文學讀書會不同於兒童哲學課程，另一個重要的關鍵是文學讀書會可以使用的教材非常多，或許有些讀者會覺得挑起來不易。在眾多教材之中，有經驗的帶領者對教材的分享絕對是值得參考的首選，但畢竟不是每個讀者都能有此機會。若是由個人的角度設想，不妨參考每年期的兒童文學書籍的推薦評選活動，例如，民生報發起、行政院文建會、國語日報及中華民國兒童文學協會舉辦的「好書大家讀」活動，是相當具有歷史的評鑑活動。

2010年最佳少年級兒童讀物獎：《月亮是什麼味道？》、《實驗鼠的秘密基地》、《浴簾後》等……

2009最佳少年級兒童讀物獎：《歪歪小學的荒誕故事》、《羅伯特的三次復仇》、《狐狸與兔子》等……

若再進一步細分的話，我們以二〇一一這個活動為例，二〇一一活動的推薦書分為三類：

知性讀物組：

(1)《綠蠵龜》：海龜專家程一駿教授執筆，綠蠵龜洄游的祕密大公開。

(2)《從身邊找昆蟲很有趣》：螳螂是冒死結婚的勇者？交配時的蜻蜓是空中飛人？

(3)《我的新寵物狗》：教育孩子該如何餵養動物，亞馬遜網站5顆星★評價

故事文學組：

(1)《一隻名叫小狼的老鼠》：小老鼠努力逐夢，一本適合大聲朗讀的有趣故事

(2)《小貓的寵物鼠》：寵物不是擁有物，而是能從中學習智慧、得到溫暖

圖畫書及幼兒讀物組：

(1)《大樹也哭了》：讓孩子看見、思考這個世界曾經發生的苦難。

(2)《明天的顏色》：引導孩子以快樂、勇敢、不放棄的態度來面對困難。

(3)《艾蜜莉想養一隻狗》：提醒父母，有時候你得耐心聽聽孩子要說的……。

以上這一串書單「絕對不是」本書所推薦的讀物，僅當作「範

例」，推薦讀者可以透過這些資訊去尋找書單。若帶領人對其中某類故事很有興趣，大可選擇其中推薦的書目，細讀之後挑選適合自己想法者，再決定是否在讀書會中使用。

林翠釵老師也提到[6]，我們可以依照許多不同的「標準」將兒童文學分類，分類絕不是只有一種，然後再依照圖書會進程挑選適當的教材。例如，依照文體而分，之前讀過散文，也許接下來可以跟孩子介紹小說；依照讀物的內容而分，之前看過知性讀物，接下來可以看冒險故事；依照讀物描述的場景，之前讀物描繪場景是中古時代，下次可以接觸幻想或未來的背景。

總而言之，讓孩子盡可能「多元化」，也多樣地接觸到各種作品。

最後，在兒童讀書會的舉辦上，有一個我們之前沒談到的細節，由於兒童文學讀物的讀書會普遍受家長歡迎，但因為探索團體人數的限制使得眞正能夠參加者並不多，因此有的兒童讀書會希望以保證金的繳交，來確保來參加的來賓的意願，如果孩子能接近完整出席則予以退還。這並不是對孩子的要求，依照大部分兒童讀書會帶領人的分享，通常沒來參加讀書會的原因都是家長的意願居多，孩子本身是很享受讀書會樂趣的。

保證金本身通常不會挪作他用，可以用來當全程參與孩子的禮物。所以保證金的繳交，是希望家長能「持續地」讓孩子來參加兒童讀書會的活動，也只有家長的耐心與老師的認眞帶領，才能讓孩子在思維上有更多的個人成長空間。

---

6 Ibid.，頁30。

第三節　暖身與延伸活動

參加兒童讀書會，除了讀書跟討論以外，通常還會有一些短短的團體活動。活動通常不會占據整個讀書會中段的位置，否則就失去了讀書會本身的意義，因此這些活動通常不是放在活動的一開頭，就是放在活動的結尾，我們就稱爲暖身（放在開頭）與延伸（放在討論之後的活動）。

林翠釵教授有一篇談暖身活動的文章，對於暖身活動的討論有非常詳細的介紹，我們目前限於篇幅，只擷取其要點跟各位做個簡報，需要瀏覽全文的人可以閱讀「暖身與延伸活動的設計」[7]這一篇文章，以下討論僅在關鍵處引文，一些細節部分就不逐一引文。

林翠釵教授在一開始很清楚地指出暖身活動與延伸活動設計的目的，這點對於一開始帶領圖書會的老師來說，是非常有幫助的：

> 為了讓尚未完成的孩子能參加讀書會，暖身活動就設計了一些簡單有趣的活動讓孩子參與，讓他在很短的時間內可以對等一下要討論的內容更加熟悉，更重要的是去營造一種另類閱讀的氣氛，讓孩子能進到這情境來。[8]

林翠釵教授的考慮非常周詳，探索團體既然需要團體的參與，就要盡量把孩子「拉進」團體裡來，利用團體活動的方式，也可以免去孩子產生的恐懼或歉意。因此，暖身活動必須以讓孩子熟悉接下來討論的內容，這是使得探討團體進行能更順暢的關鍵設計。

7　Ibid.，頁110。
8　Ibid.，頁111。

暖身活動時間不需要太久，約進行十到十五分鐘，主要有兩種方式：

1. 藉由輪讀來讓孩子熟悉討論的章節內容，這是兒童哲學課程中常見的方式，也可以順便讓平常不愛在人群中發言的孩子，有個簡單的練習機會。

2. 藉由特殊的活動設計來讓孩子理解，我們舉以下兩個林翠釵教授用的例子：

(1)《烏龜的婚禮》（東方出版社）：拿一個放大鏡、一些樹葉、石頭以及有小紋路的塑膠玩具，先讓孩子用自己的眼睛觀察樹葉的葉脈、石頭的形狀，再用放大鏡看，讓孩子說說看有什麼不同，讓孩子知道了什麼是巨觀、微觀。[9]

(2)《木棉樹的噴嚏》（東方出版社）：玩創造文字遊戲，讓孩子去想像，在沒有文字之前，你目前所認識的字是什麼形狀、怎麼寫。材料：一張大的海報紙、彩色筆。[10]

《烏龜的婚禮》是作者對他童年故事的描述，其中許多對於動物活動的觀察屬於自然科學類書籍。《木棉樹的噴嚏》則是作者自述他小時候的故事，其中一篇就是他學習畫字的故事。總而言之，若能設計出契合主題，又符合孩子興趣的遊戲，必能對接下來的討論增加不少分數。

除了暖身活動之外，在讀書會內容的討論之後，還有另一種延伸活動。延伸活動一方面是希望孩子能帶著愉快地、輕鬆地心情回家，

9 Ibid.，頁108-118。
10 Ibid.，頁108-118。

另一方面，也希望他們能把故事中學到的，用其他種不同的方式，也許是動手做一做，進入思維之中。

延伸活動占的時間比較彈性，主要是按照帶領的主題而定。越小的孩子，集中注意力在討論的時間上可能不會很長，也許可以設計更短更需要身體動的活動。林翠釵教授依照經驗，以下面九類的延伸活動作爲例子[11]爲大家作示範，各位讀者還可以自行發明、創造與活用：

1. 美勞

   《外婆的飛機》（文經）：做出創意飛機。

   《小不點蕭斯特》（聯文）：做出小不點蕭斯特的生活用品，例如滑冰鞋、小衣服等。

2. 繪畫

   《爸爸菸城歷險記》（小魯）：以四格漫畫畫出自己的探險記。

   《烏龜的婚禮》（東方）：根據暖身活動讓孩子去畫一個物件的微觀、巨觀。

3. 語文

   《娃娃的眼睛》（國語日報）：讓孩子共同去做一首新詩。

   《日落台北城》（小魯）：讓作者現身，讓孩子與作者做面對面的談話。

4. 內省

   《再見天人菊》：依據《哲學教室教師手冊》第一百七十八頁

11 Ibid.，頁113。

思想的風格表格，讓孩子對書裡的人物做角色刻畫，同時讓孩子反省自己與別人有什麼不一樣的思考風格。

《阿公的八角風箏》：畫童年地圖，讓孩子回想自己童年曾發生什麼印象深刻的事件。（林意雪提供）

5. 創作

《巧克力工廠的祕密》（志文）：請孩子發明一種糖果及其用途。（林意雪提供）

《森林的祕密》：影印五頁圖片，把字塗掉之後，讓孩子重新去編排、說故事。（林意雪提供）

6. 戲劇

《公主與妖魔》（小魯）：請孩子自己挑一段故事演戲。（林意雪提供）

《鏡花緣》（志文）：讓孩子挑一個國家來演，但不要告訴其他人是什麼國家，再將其特色演出來，讓其他孩子猜猜看是什麼國家。（林意雪提供）

7. 影片欣賞

《雙胞胎的莉莎與羅蒂》（志文）：欣賞電影「天生一對」，影片由迪士尼出版。

《怪桃歷險記》（志文）：欣賞動畫卡通「飛天巨桃歷險記」，迪士尼出版。

8. 音樂

《春天感冒了》（皇冠）：讓孩子欣賞音樂，韋瓦第四季小提琴協奏曲的春夏秋冬，選較短之樂章欣賞。

9. 其他

《臺灣小兵造飛機》（小魯）：玩搶地盤遊戲，讓孩子感受臺灣以前就是那塊地盤，就是各個強國想要爭的殖民地。

延伸活動與暖身活動，如果能把中間的討論像夾心麵包一樣夾起來，是再好不過的情況了。孩子需要發展各種不同的能力，而多樣化的活動正是協助老師、家長與兒童一同探索孩子能力的最佳機會。

第四節　兒童文學與兒童哲學

介紹完兒童讀書會，我們對探索團體的介紹應該是接近尾聲了。不同於第二章的哲學教材，兒童讀書會主要是以文學風格的閱讀爲主，可以說在兒童哲學的思考之中，邏輯與文學剛好是思想發展的兩個車輪，彼此恰恰相互需要。

其實在《靈靈教師手冊》中，就要求老師同時注意孩子的「情緒」與「認知」兩個層面皆應有所發展。其實，這兩個層面乃是思考最重要的構成部分，而且任何一部分的發展，都會帶動與影響另一部分，兩者絕對不是不相關的。只是，若我們只將注意力放在其中一者的身上，很容易讓孩子養成忽略另一邊的習慣與價值，因爲他總是從其中的一者去牽動思考到另一者，久而久之就會變成情緒是理性的附屬，或者理性是情緒的附屬，兩者極端模式的其中之一。

情緒與理智的發展不是不相關的，而是不可彼此取代。我們即使有了全備的知識，比方說天上地下一切的事實我們都了解，但是我們可能仍然看不出生命的價值。「殺害無辜的人是錯誤的」並不是一件「事實」，而是一個對「價值」的判斷。同樣的，對人類來說，許多有價值的事物，其實並不見得是眞的，過去我們可能有許多錯誤的、關於宇宙的知識，可是在那個時代相信這些能讓我們過得平順。例如哥白尼爲此信念被軟禁的例子，但終究無法說明它是錯的。

我們的「理智」與「情感」這兩個思考中的支柱，缺一不可，無法彼此替代，這是非常重要的一個觀點，可是卻常常被我們忽略。喜愛文學的人會說不是所有有價值的事物都是眞的，這沒錯。喜愛科學的人會說眞實的事物就已經有趣地令人著迷了，這也沒錯。可是這兩個想法必須放在一起，才能看清全局。

光只有知識，沒有對人生價值正確的了解，這樣的發展是讓人恐怖的，因爲它可能會帶來可怕的傷害（包括自己與他人）。光只有正確的價值觀，卻毫無知識，難以在複雜的現代社會中生存競爭，難以有好的發展。只有兩者兼備，才能幸福圓滿。

也因此，當我們讓孩子深化發展他們的思想時，需要兩者都盡力平衡，透過文學作品，以及邏輯性的鍛煉，讓孩子有正確的價值觀，也有深入探索的思維。能對自身、身邊的人的關係有所體認，也能認識到事物背後的原理、規則。當孩子自身就能透過兩種不同的角度衡量事物，思考必將更加周延與深入。

第五節　成人與兒童

看了這麼多兒童探索團體，話題先拉開，我們把焦點轉到另一種探索團體或圖書會——成人的探索團體或讀書會。

不管是以文學作品爲主的成人讀書會，或者以哲學教材爲主的成人探索團體，面對的情況跟孩子的完全不同，因爲大家早已被社會化過程洗禮，雖然大家願意分享，願意討論，但更少人是眞心地對議題進行討論。大家會注意是不是每個參與者都有講到話，是不是每個人都有分享，這些都是非常友善的表現，但卻沒有用理性參與的態度。

舉個例子，我們常會聽到一種用來總結的講法「每個人的定義不同」，這是一句非常「友善」卻也非常「無情」的話。試想各位從小到大，有沒有別人跟你所見所聞一模一樣、分毫不差，而且你一旦想到某東西，那個人想到的就必定是一模一樣的景象？「絕對沒有」。對任何想要溝通的成人來說，把腦袋裡想到的景象當「定義」的話，幾乎任何人想到的字詞都有不一樣的「定義」。

一個人腦袋裡想到的景象根本不叫「定義」，那只不過是這個字或它代表的東西，勾起我們的「一些印象」。當蘇格拉底請對方說出他們的定義時，他是在討論這個字的定義適不適當，一個人腦袋跑出哪些印象有何適當不適當的問題？不是已經跑出來了嗎？如果「每個人定義本來就不同」，那討論一個人給的定義適不適當到底有什麼意義？

我們能夠溝通交談，就代表我們使用的字詞，即使勾起我們不同的印象，但溝通依然順暢。一個很怕昆蟲的女孩，跟一個一點也不怕昆蟲的男孩，能不能說對「昆蟲」的定義不一樣？那說他們一個人怕昆蟲，一個人不怕，也是無意義的，因為兩個「昆蟲」根本是不一樣的意思。

一個人有他的定義，意思是從這個定義「推出」的一切結果，他都願意接受的態度，這時我們要用針對問題的理性回敬他。定義位於討論的開頭，它是我們進行推理的假設，但在一般成人的討論中，它卻變成解釋一切的結論。定義有適當不適當的問題，一個人要有放棄自己定義的可能，他才是認真做定義，否則只是隨便說說。

定義是一個無限循環，定義上還會牽涉到另一些詞的定義，所以一路追下去，永無止境。當蘇格拉底反問：「如果正義是還債，那你朋友神智不清時，跟你討回上次那把刀，你要不要還？」，這時候也可以反問：「那要看你怎麼定義神智不清？」或「那要看你怎麼定義還債？」那我們就永遠沒完沒了。這好像你一直在點菜，服務生一直問那你的醬要不要加點羅勒？那你飲料要不要櫻桃做裝飾？可是點了半小時，你連飲料都沒喝到，你生不生氣？

如果討論問題是享用一頓理性大餐，那麼很常見的是一群成人餓著肚子前來點菜，然後空著肚子回家。

讓我們拉回正題。很奇妙地，兒童讀書會反而沒有這個問題，兒童天眞浪漫，心直口快，思維敏捷，有話直說。討論起來白刀子進紅刀子出，一點也不像在點菜點個沒完，沒有定義問題，沒有我的看法怎樣或我的經驗怎樣的問題。就算眞的對這個話題沒興趣，討論沒建樹，也不會歹戲拖棚。雅士培說「兒童是天生的哲學家」，在討論問題的場合看來，或許眞得如此。

在討論問題這個活動上，或許我們眞要「向孩子學習」。這也是建立兒童讀書會的成人，意想不到的收穫。

參考書目

中文參考資料

1. 毛毛蟲兒童哲學基金會出版

(1)李普曼教授哲學教材部分

李普曼著，楊茂秀譯，《哲學教室》，臺北：毛毛蟲兒童哲學基金會，2000。

李普曼著，楊茂秀譯，《哲學教室教師手冊》，臺北：毛毛蟲兒童哲學基金會，2000。

李普曼著，楊茂秀譯，《靈靈》，臺北：毛毛蟲兒童哲學基金會，2003。

李普曼著，鄭瑞鈴譯，《靈靈教師手冊》，臺北：毛毛蟲兒童哲學基金會，2004。

李普曼著，楊茂秀譯，《思考舞台》，臺北：毛毛蟲兒童哲學基金會，2010。

李普曼著，楊茂秀譯，《艾兒飛》，臺北：毛毛蟲兒童哲學基金會，2005。

李普曼著，楊茂秀譯，《鯨魚與鬼屋》，臺北：毛毛蟲兒童哲學基金會，2010。

李普曼著，楊茂秀譯，《思考舞台》，臺北：毛毛蟲兒童哲學基金會，2010。

(2)馬修斯教授著作

馬修斯著，王靈康譯，《童年哲學》，臺北：毛毛蟲兒童哲學基金會，1998。

馬修斯著，楊茂秀譯，《哲學與小孩》，臺北：毛毛蟲兒童哲學基金會，1998。

馬修斯著，陳鴻銘譯，《與小孩對談》，臺北：毛毛蟲兒童哲學基金會，1998。

(3)參考資料部分

莫麗．邦原著，楊茂秀譯，《圖畫．話圖》，臺北：毛毛蟲兒童哲學基金會，

邱惠瑛著，《貓人》，臺北：毛毛蟲兒童哲學基金會，1999。

楊茂秀著，《討論手冊》，臺北：毛毛蟲兒童哲學基金會，1992。

毛毛蟲兒童哲學基金會故事媽媽小組編著，《穿一件故事的彩衣》，臺北：毛毛蟲兒童哲學基金會，2005。

毛毛蟲兒童哲學基金會故事媽媽小組編著，《成人讀書會——探索團體的經營》，臺北：毛毛蟲兒童哲學基金會，1999。

毛毛蟲兒童哲學基金會故事媽媽小組編著，《社區兒童讀書會帶領人入門》，臺

北：毛毛蟲兒童哲學基金會，1999。

2. 其他參考資料

林偉信，〈思考教育的新嘗試——李普曼（Matthew Lipman）的兒童哲學計畫初探〉，社會科教育學報（花師），1992。

林偉信，〈思考教育的新嘗試——李普曼（Matthew Lipman）的兒童哲學計畫簡介〉，國教園地，1992。

劉仲容、柯倩華、林偉信著，《兒童哲學》，臺北：空大，2002。

詹棟樑著，《兒童哲學》，臺北：五南，2000。

陳鴻銘，〈探究團體〉，輔仁大學哲學研究所碩士論文，1991。

李普曼著，楊茂秀譯，〈兒童哲學教育計畫與思考技巧之培養(一)〉，《哲學論集》，第十三期，頁194-203。

潘小慧著，《兒童哲學的理論與實務》，輔仁大學出版社，2008。

維根斯坦著，范光棣、湯潮合譯，《哲學探討》，水牛出版社，1999。

3. 繪本

愛涅莉絲・涅・雷斯塔文，瓦樂莉・多岡波圖，徐素霞譯，《文字工廠》，三之三文化，2010。

李歐・李奧尼著，劉清彥譯，《音樂老鼠潔洛渟》，道聲出版社，2010。

Hutchins. Pat Clocks and More Clocks，Simon & Schuster，1994。英文繪本

英文參考資料

1. 李普曼與馬修斯的著作

Lipman, Matthew, 1974, *Harry Stottlemeier's Discovery*, Upper Montclair, NJ: Institute for the Advancement of Philosophy for Children.

—, 1976, *Lisa*, Upper Montclair, NJ: Institute for the Advancement of Philosophy for Children (Montclair State College).

—, 1988, *Philosophy Goes to School*, Philadelphia: Temple University Press.

—, 1991, *Thinking in Education*, New York: Cambridge University Press; 2nd edition,

2003.
—, 2008, *A Life Teaching Thinking*, Montclair State University, NJ: Institute for the Advancement of Philosophy for Children.

Lipman, Matthew (ed.), 1993, *Thinking Children and Education*, Dubuque, Iowa: Kendall/Hunt.

Lipman, Matthew; Sharp, Ann M.; and Oscanyan, Frederick (eds.), 1978, *Growing Up With Philosophy*, Philadelphia: Temple University Press.

Matthews, Gareth, 1980, *Philosophy and the Young Child*, Cambridge, MA: Harvard University Press.

—, 1984, *Dialogues With Children*, Cambridge, MA: Harvard University Press.

—, 1994, *The Philosophy of Childhood*, Cambridge, MA: Harvard University Press.

—, 2000, "The Ring of Gyges: Plato in Grade School," *International Journal of Applied Philosophy*, 14(1): 3–11.

2. 其他參考資料

Astington, Janet Wilde, 1993, *The Child's Discovery of the Mind* Cambridge, MA: Harvard University Press.

Cam, Philip, 1995, *Thinking Together: Philosophical Inquiry for the Classroom*, Sydney: Primary English Teaching Association and Hale & Iremonger.

Cam, Philip, 1993 (1994, 1997), *Thinking Stories 1, 2, and 3: Philosophical Inquiry for Children*, Sydney: Hare & Iremonger.

Cam, Philip, 2006, *20 Thinking Tools*, Cambewell, Vic.: Australian Council for Educational Research.

DeHaan, Chris; MacColl, San; and McCutcheon, Lucy, 1995, *Philosophy With Kids*, Books 1–4, Melbourne: Longman.

Dewey, John, 1991, *Reconstruction in Philosophy in John Dewey, the Middle Works, 1899–1924*, vol. 12, Jo Ann Boydston (ed.), Carbondale: Southern Illinois Press.

Ennis, Robert, 1987, "A Conception of Critical Thinking--With Some Curriculum

Suggestions," *American Philosophical Association Newsletter on Teaching Philosophy*, Summer: 1–5.

Facione, Peter (ed.), 1989, "Report on Critical Thinking,"American Philosophical Association Subcommittee on Pre-College Philosophy, University of Delaware.

Figueroa, Robert and Goering, Sara, 1997, "The Summer Philosophy Institute of Colorado: Building Bridges," *Teaching Philosophy*, 20(2): 155–168.

Fisher, Robert, 1998, *Teaching Thinking: Philosophical Inquiry in the Classroom*, London: Cassell.

Gaarder, Jostein, 1994, *Sophie's World: A Novel About the History of Philosophy*, New York: Harper, Straus and Giroux.

Gilligan, Carol, 1982, *In a Different Voice: Psychological Theory and Women's Development*, Cambridge, MA: Harvard University Press, 1982).

Gopnik, A., Kuhl, and Meltzoff, A., 1999, *The Scientist in the Crib: What Early Learnig Tells us About the Mind*, New York: Perennial Books.

Goswami, Usha, 1998, *Cognition in Children*, East Sussex, UK: Psychology Press.

Gregory, Maughn, 2000, "Care as a Goal of Democratic Education," *Journal of Moral Education*, 29(4): 445-461.

Gregory, Maughn, 2008, *Philosophy for Children: Practitioner Handbook*, Montclair State University, NJ: Institute for the Advancement of Philosophy for Children.

Kohlberg, Lawrence, 1981, *The Philosophy of Moral Development: Essays on Moral Development* (Volume 1), San Francisco: Harper& Row.

Keen, Judy, 1997, *Brain Strain 1 & 2*, Melbourne: MacMillan Education.

Kennedy, David, 2005, *The Well of Being: Childhood, Subjectivity, and Education*, Albany, NY: SUNY Press.

McCarty, Marietta, 2006, *Little Big Minds*, New York: Tarcher/Penguin.

McPeck, John, 1985, "Critical thinking and the 'Trivial Pursuit' Theory of Knowledge," *Teaching Philosophy*, 8(4): 295–308.

Murris, K., 1992, *Teaching Philosophy With Picture Books*, London: Infonet Publications.

Partridge, F.; Dubuc, F.; Splitter, L.; and Sprod, T., 1999, *Places for Thinking*, Melbourne: Australian Council for Educational Research.

Phillips, Christopher, 2001, *The Socrates Cafe*, New York: W.W. Norton.

Piaget, Jean, 1933, "Children' s Philosophies,"in *A Handbook of Child Psychology*, Carl Murchison (ed.), 2nd ed. rev., Worcester, MA: Clark University Press.

Pritchard, Michael S., 1991, *On Becoming Responsible*, Lawrence, KS: University Press of Kansas.

—, 1985, *Philosophical Adventures With Children*, Lanham, MD: University Press of America.

—, 1996, *Reasonable Children*, Lawrence, KS: University Press of Kansas.

—, 2000, "Moral Philosophy for Children and Character Education," *International Journal of Applied Philosophy*, 14(1): 13–26.

—, 2005, "Ethics in the Science Classroom: Science Teachers as Moral Educators," in Thomas Wren and Wouter van Haaften (eds.), *Moral Sensibilities and Moral Education: III*, London: Concorde Publishing House, pp. 113–132.

Reed, Ronald, 1983, *Talking With Children*, Denver: Arden Press.

Reed, Ronald, and Sharp, Ann M. (eds.), 1992, *Studies in Philosophy for Children: Harry Stottlemeier's Discovery*, Philadelphia: Temple University Press.

Reed, Ronald, and Sharp, Ann M., 1996, *Studies in Philosophy for Children: Pixie*, Madrid: Ediciones De La Torre.

Sasseville, Michel, 1999, "The State of International Cooperation in Philosophy for Children" (UNESCO Meeting, Paris, March 1998), in *Critical and Creative Thinking: The Australasian Journal of Philosophy for Children*, 7(1): 57–79.

Sharp, Ann M., 1991, "The Community of Inquiry: Education for Democracy," *Thinking*, 9(2), 1991, pp. 31–37.

Sharp, Ann M. (ed.), 1994, , "Women, Feminism, and Philosophy for Children," *Thinking*, 11(3/4) (Special Issue).

Shipman, Virginia, 1983, *New Jersey Reasoning Skills Test*, Upper Montclair, NJ: Institute for the Advancement of Philosophy for Children.

Splitter, Laurance and Sharp, Ann M., 1995, *Teaching for Better thinking: The Classroom Community of Inquiry*, Hawthorn, Vic.: Australian Council for Educational Research.

Sprod, T., 1993, *Books Into Ideas*, Cheltenham, Vic.: Hawker Brownlow Education.

Turner, Susan M. and Matthews, Gareth (eds.), 1998, *The Philosopher's Child*, Rochester, NY: University of Rochester Press.

Weinstein, Mark, 1989, "Critical Thinking and Moral Education," *Thinking*, 7(3): 42–49.

White, David A., 2000, *Philosophy for Kids*, Waco, Texas: Prufrock.

Wilks, S., 1995, *Critical and Creative Thinking: Strategies for Classroom Inquiry*, (Armadale, Vic.: Eleanor Curtain.

參考網站

毛毛蟲兒童哲學基金會：http://www.caterpillar.org.tw/html/front/bin/home.phtml

IAPC網站：http://cehs.montclair.edu/academic/iapc/

史丹佛百科詞條（馬修斯文）：http://plato.stanford.edu/entries/childhood/

史丹佛百科詞條（兒童哲學）：http://plato.stanford.edu/entries/children/

Saeed Naji訪問稿：http://www.p4c.ir

附錄：兒童哲學Q&A

Q1 **什麼是兒童哲學？**

（類似問題：兒童哲學到底在教什麼？孩子從課程到底學到什麼？）

A：兒童哲學是一個增進孩子思考力的教育計畫，發源於美國。計畫目標是希望增進孩子思維的深度與技巧，刺激自主思考與反思能力，以及在團體中培養理性溝通與批判思考能力。有興趣者可以參考前言與第一章第一節。

Q2 **爲什麼要學兒童哲學？**

（類似問題：學兒童哲學要幹嘛？學兒童哲學能做什麼？）

A：同前一題，提升思考力當然能提升孩子的競爭力，改善他的學習態度與效率。邏輯思考、理性溝通以及深度思維是兒童哲學的三大重點，而這三點都能對整體學習有所幫助，詳情參見第一章第五節。另外，兒童哲學的學習往往是輕鬆而且特別的，也能達到寓教於樂的休憩效果。

Q3 **小孩子聽得懂哲學嗎？**

（類似問題：小孩子又聽不懂。教這會不會太難？）

A：這點完全不用擔心，孩子是天生的哲學家。這時培養思考能力正好，等到長大，他的思考就會變得僵化而難以調整。而且兒童哲學的教材一直以來都有在許多孩子身上實際實驗並持續改進，所以絕對不會有太難或聽不懂這回事。

Q4 學兒童哲學會去念哲學系嗎？

（類似問題：學了哲學以後是要幹嘛？）

A：兒童哲學是思考力與氣質的培養，不是哲學的專業知識，孩子小時候念的許多科目，都跟他長大從事的工作無直接關連，但是這些都對孩子的人格發展、思考發展有重要的貢獻。只要我們試圖把哲學思考當作工具而不是目的，便不易有這個問題。詳見第一章。

Q5 學校功課都念不好了，還要多念哲學幹嘛？

（類似問題：有必要多學不會考試的科目嗎？學這學校又不會考？）

A：孩子學習狀況不佳的時候，我們也需要動腦筋思考，到底問題出在哪？如果他的思考能力與學習能力尚未開啓，那更應該對症下藥才對，開啓他的思維能力。

Q6 會不會有不良影響？念哲學之後會不會愛頂嘴？

（類似問題：孩子想太多會不會不好？念哲學之後會不會愛頂嘴？）

A：不會。兒童哲學都有實際的研究在評估是否眞能對孩子有所幫助，然結果都是正面的。探索團體的模式也是希望孩子能更多地在與人溝通中學會團體思考，懂得思考與溝通的孩子，往往更善體人意。

Q7 幾歲才能念兒童哲學？

A：學齡前到小學畢業都有課程。大一點的孩子升學壓力漸增，社會關係變複雜，時間也變得需要壓縮。總之，不需要擔心年齡問題。

Q8 要學多久？如何評量？

A：探索團體是比較長時間的學習，這不是指活動進行的時間，而是持續進行的時間，通常都以學期或年來算。兒童哲學很注重孩子「本身」（跟自己相比）的進步，所以都會有觀察紀錄者注意記錄每個孩子的表現，作爲這個孩子個人評量的依據。

Q9 學兒童哲學會不會很貴？

A：這個問題牽涉的因素太多，筆者只能略提。兒童哲學的教材很便宜，因爲大部分都是只有文字的教材，比圖文書要便宜得多，兒童哲學課程之進行也不需要特別高的門檻或成本，只要有陪伴帶領人與紀錄即可。

Q10 我家小孩很調皮，不守規矩。

A：兒童哲學團體的陪伴帶領人都有受過專業的訓練，團體中孩子調皮是常見的狀況，所以不用擔心。而且很多帶領者的經驗是，孩子在探索團體中都會慢慢地變得專心於思考與討論，所以不用太擔心。

Q11 我家小孩不愛讀書。

A：孩子不念書可能有很多原因，一個常見的原因是他還沒感受到讀書的樂趣，而兒童哲學的課程正是針對這點設計的。孩子會思考了之後，反而變得愛讀書。

Q12 我家小孩參加很多才藝班了。

A：那您可能需要思考的是，他是否忙得過來，孩子成長學習機會只有一次，但學習的效果往往也跟適度休息以及是否能消化有關。兒童哲學課程與其他課程相比較輕鬆，如果他已經完全喘不過氣來，建議還是多留一些輕鬆學習的課程給他。

Q13 是否需要家長配合？

A：非常需要，所有良好學習都需要家長配合。成人的讀書會或探索團體也常常在進行，對成人來說，思考的能力與效率也很重要。所以建議家長可以了解一下相關課程資訊，會有更好的效果。

Q14 前面說的那個「探索團體」是什麼？

（類似問題：在探索團體作什麼活動？會不會學壞？）

A：探索團體是以理性來溝通討論的團體，孩子在當中參與理性思考與討論，不同於一般意義的集會與遊玩，是專門爲了思考發展而設計的活動團體，當中所有的閱讀與活動都是以此爲依歸。至於學壞，是完全沒有這個可能的。

Q15 是否需要一直買很多輔助教材？

A：不需要。在這個資訊發達的時代，待養成孩子自主思考的習慣，孩子會自己想、自己找，反而能達到節省資源的效果。

附錄：兒童哲學課程教材編纂案例

下列教材是由臺北市桃源國小邱武科校長與教務主任徐昀霖所提供，原定於臺北市教育局所核定的「2012寒假讀思營隊」活動中所使用的兒童哲學課程教材：

閱讀思考故事

共計有四個故事：故事一、定伯賣鬼；故事二、兩兄弟；故事三、落入坑洞的獵人，與故事四、生命的眞諦。

故事一：定伯賣鬼

一、提供語境：看到一張鬼圖，猜猜今天我們要說的故事會是哪一種？（或是請家長找一段音樂營造一下氣氛。）

二、提供語料：「定伯賣鬼」（改寫自曹丕「列異傳」）

南陽郡人宋定伯，年輕時候，晚上趕路遇上一個鬼。

他問鬼是誰，鬼說：「我是鬼！」

你認爲什麼是鬼？說出鬼的三個特徵。【哲思引導—澄清】

鬼問他：「你又是誰？」

如果你是宋定伯，你會怎麼回答呢？【哲思引導—預測】

宋定伯欺騙他，說：「我也是鬼。」

鬼問：「要到哪裡去？」

回答說：「要到宛縣的市集去。」

鬼說：「我也要去宛縣的市集去。」

於是一起走了幾里路。

你認爲鬼去市集要做什麼？【哲思引導—推論】

宋定伯爲什麼要騙鬼？【哲思引導—推論】

鬼說：「步行太慢，我們可以互相替換背著走，怎麼樣？」

你認爲鬼有哪些能力？說說看鬼特有的三種能力。【哲思引導—澄清】

鬼說：「你太重了，也許不是鬼吧？」

你認爲宋定伯會怎麼回答？【哲思引導—預測】

定伯說：「我是新鬼，所以身體沉重。」定伯於是又背鬼，鬼一點也不重。他們輪流換著背了一次又一次。定伯又說：「我是新鬼，不知道我們鬼最怕的是什麼？」

宋定伯爲什麼要問這個問題？【哲思引導—推論】

你認爲鬼會怎麼回答？【哲思引導—預測】

說說三種鬼會害怕的東西。【哲思引導—澄清】

鬼回答說：「鬼最怕人吐口水。」

兩人於是又一起趕路。

路上遇到河，定伯叫鬼先渡過去，聽他渡水，靜悄悄地一點聲音也沒有。定伯自己渡河，卻發出嘩啦嘩啦的響聲。

鬼疑心的問：「你真的是鬼嗎？為什麼會弄出聲音？」

宋定伯爲什麼會弄出聲音？【哲思引導—推論】

你認爲宋定伯會怎麼回答？【哲思引導—預測】

定伯說：「我就說我是新鬼嘛，有什麼辦法。」到了宛縣市集，定伯便把鬼扛到肩上，迅速捉住它。天快亮了，鬼大聲呼喊，發出咋咋的叫聲，拜託定伯把他放下來。

宋定伯爲什麼要這麼做？【哲思引導—推論】

你認爲宋定伯會放他下來嗎？【哲思引導—預測】

定伯不再聽他的，一直扛到市集中，天一亮，定伯把鬼摔在地上，鬼立即變成一隻羊，怕他再變，於是向他吐了口水，讓鬼再也變不回來。定伯把羊賣掉，賺了錢高高興興回家了。

你認為宋定伯是一個怎樣的人？

你認爲文中的鬼是一個怎樣的鬼？【哲思引導—歸納】

常聽人說「賣東西」，可是這篇故事賣的不是東西，你認為還有什麼「不是東西」的東西可以賣呢？

三、連結與延伸-高層次閱讀訓練：以曼陀羅思維法加以培訓

1. 程序性知識：提供一個曼陀羅圖形空白表，或隨意在一張白紙上畫上九宮格，從題目開始，依箭頭指示依序將故事重點結構寫出。

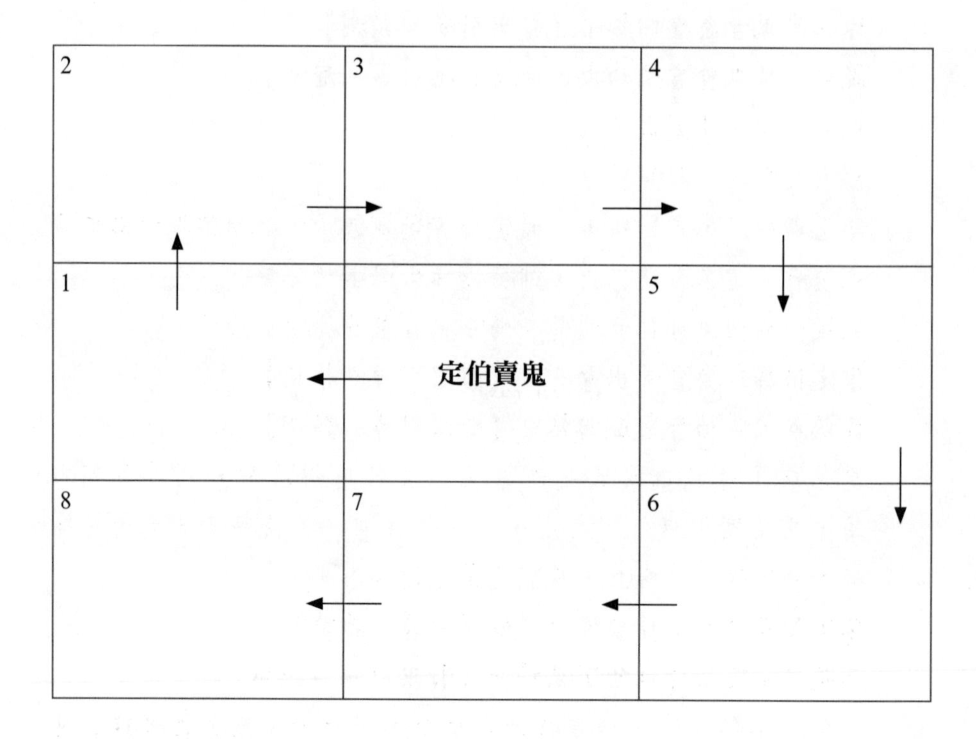

參考結構提供：

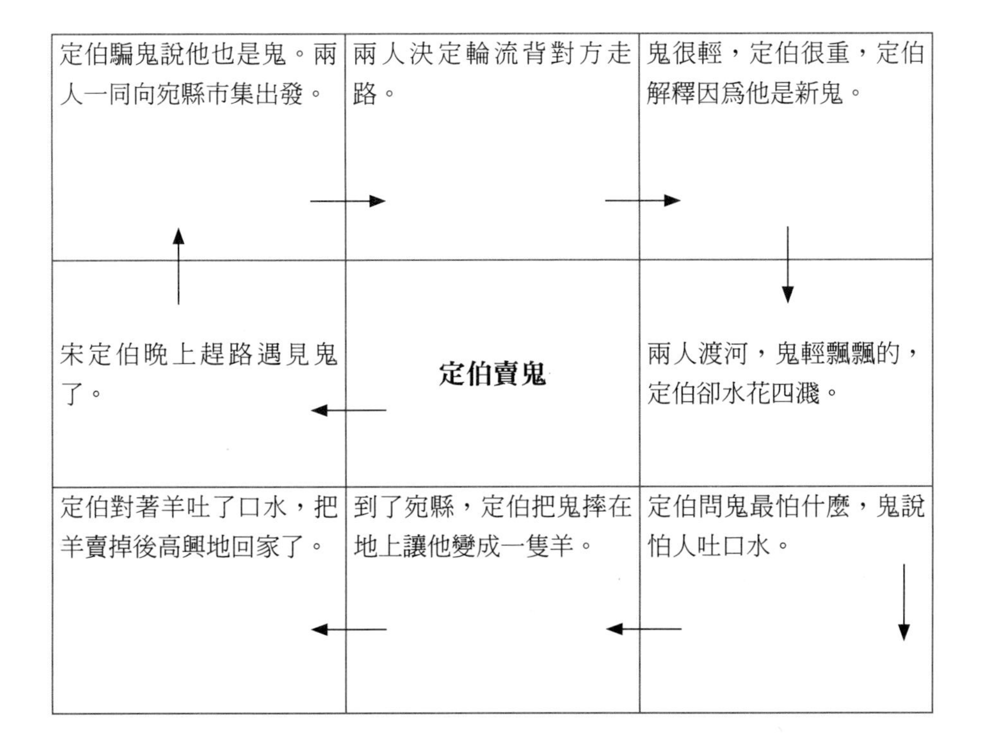

2. 概念性知識：【預測、推論、澄清、結構、摘要】一樣提供一個曼陀羅圖形空白表，或隨意在一張白紙上畫上九宮格，從題目擴散，不用依照順序，將故事內化思維寫出。

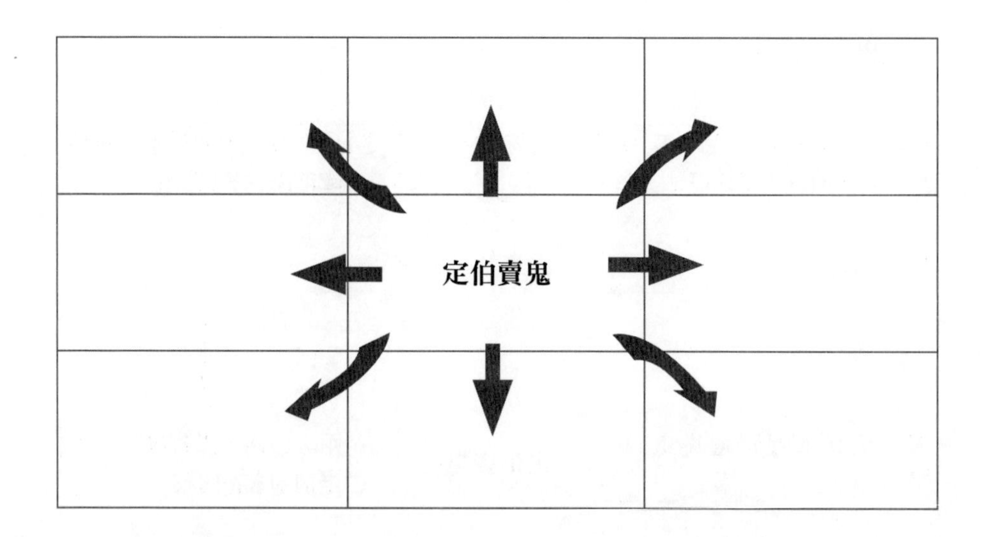
定伯賣鬼

內化思維參考：

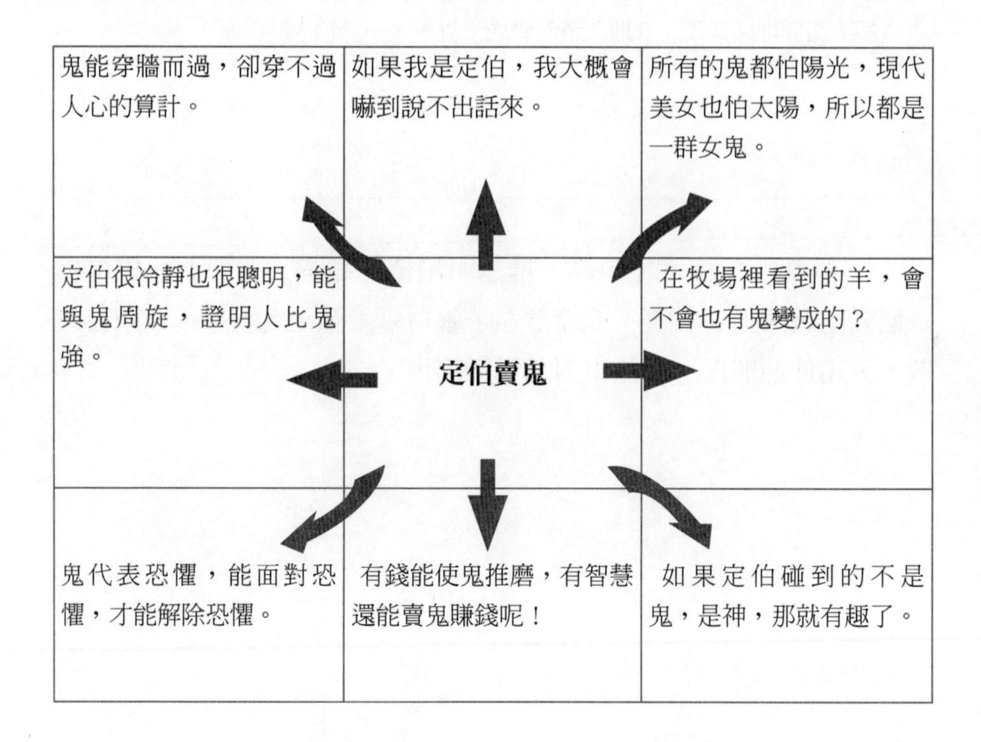
鬼能穿牆而過，卻穿不過人心的算計。
如果我是定伯，我大概會嚇到說不出話來。
所有的鬼都怕陽光，現代美女也怕太陽，所以都是一群女鬼。
定伯很冷靜也很聰明，能與鬼周旋，證明人比鬼強。
定伯賣鬼
在牧場裡看到的羊，會不會也有鬼變成的？
鬼代表恐懼，能面對恐懼，才能解除恐懼。
有錢能使鬼推磨，有智慧還能賣鬼賺錢呢！
如果定伯碰到的不是鬼，是神，那就有趣了。

故事二、兩兄弟

一、提供語境：看張兄弟圖，猜猜今天我們要說的故事會是哪一種？
二、提供語料：「兩兄弟」（改編自托爾斯泰原作）

兩兄弟一起去旅行，他們走累了，就躺在林中休息，起身時，在身旁發現一塊石頭，上面寫著：「發現這塊石頭的人，要在傍晚前走進森林。那裡有一條河，游過河到了對岸，就會看到一隻母熊和牠的寶寶。抱走小熊，然後頭也不回的跑到山頂上。山頂上有一棟房子，在那裡，幸福正在等著你。」

你相信石頭上寫的嗎？請說說三個理由。

你認為什麼是幸福？

當他們讀完，弟弟就跟哥哥說：「走吧！我們游過河，抱走小熊，跑到山頂上的房子，就能一起擁有幸福。」

「我不想這麼做，」哥哥說：「而且，我勸你也別這麼做。首先，誰曉得石頭上的話是不是真的？也許它只是開個玩笑。」

你呢？認為自己比較像哥哥還是弟弟？

「再說，就算那些話可信，但是你想想，等我們走進森林，天已經黑了，我們會迷失在森林裡，不容易找到那條河，就算找到那條河，如果河面寬闊、水流湍急，怎麼游過去呢？就算游過去了，要從母熊身邊抱走小熊，那也不是一件容易的事。如果成功了，也不可能一口氣跑到山頂。」

你認為哥哥的理由是依據什麼？

你如果是弟弟，你要怎麼回應哥哥呢？

「你錯了。」弟弟說：「那些話不會無緣無故的出現在石頭上，而且它說得相當明白。依我看，第一，試一試不會有什麼害處。第二，如果不試，我們什麼也得不到，別人反而捷足先登。第三，在這世上，不努力，就不會有成功的機會。第四，我不想被認為是一個膽小的人。」

你認爲弟弟的理由是依據什麼？

你如果是哥哥，你要怎麼回應弟弟呢？

哥哥說：「俗話說的好：一鳥在手勝於二鳥在林。」

你認爲弟弟會怎麼回答？

弟弟接著說：「可是，不入虎穴焉得虎子。」

你認爲接下來哥哥和弟弟各自有什麼決定？

弟弟說完就往森林走去，哥哥則留在原地。

不久弟弟發現那條河，他游過河，到了對岸，果然有一隻母熊在那兒休息，他偷偷抱走小熊，頭也不回的往山上跑。到了山頂，有個人出來迎接他，並用馬車載他進城，城裡的人請他當國王。

你認爲弟弟的選擇正確嗎？

你覺得哥哥如果知道弟弟的成就，會後悔嗎？

他在這個國家當了五年的國王，到了第六年，比他更強大的鄰國國王向他發動戰爭，城市被占領，他也逃亡了。

弟弟成了流浪漢。有一天，他回到村裡，來到哥哥家的門前。哥哥仍住在那裡，沒有變得更富有，也沒有變得更貧窮。他們很高興的見了面，說著分手後發生的事。

你現在認爲弟弟的選擇正確嗎？

如果故事重來，你的決定會改變嗎？

「你看！」哥哥說：「我是對的。在這兒，我過得相當平順；而你，雖當上國王，卻也遭遇很大的麻煩。」

「我一點也不後悔！」弟弟回答說：「雖然，我現在身無分文，但是，我擁有美好的回憶，而你卻沒有。」

你呢？認爲自己比較像哥哥還是弟弟？

你怎麼評價這兩兄弟？

你認爲作者寫這篇故事的目的是什麼？

作者托爾斯泰這篇故事的寫作方法稱之為「兩難結構」或「未知結構」。

請你也找出一篇具有「兩難結構」或「未知結構」的故事與大家分享一下。

三、高層次閱讀訓練：以曼陀羅思維法加以培訓

1. 程序性知識：提供一個曼陀羅圖形空白表，或隨意在一張白紙上畫上九宮格，從題目開始，依箭頭指示依序將故事重點結構寫出。

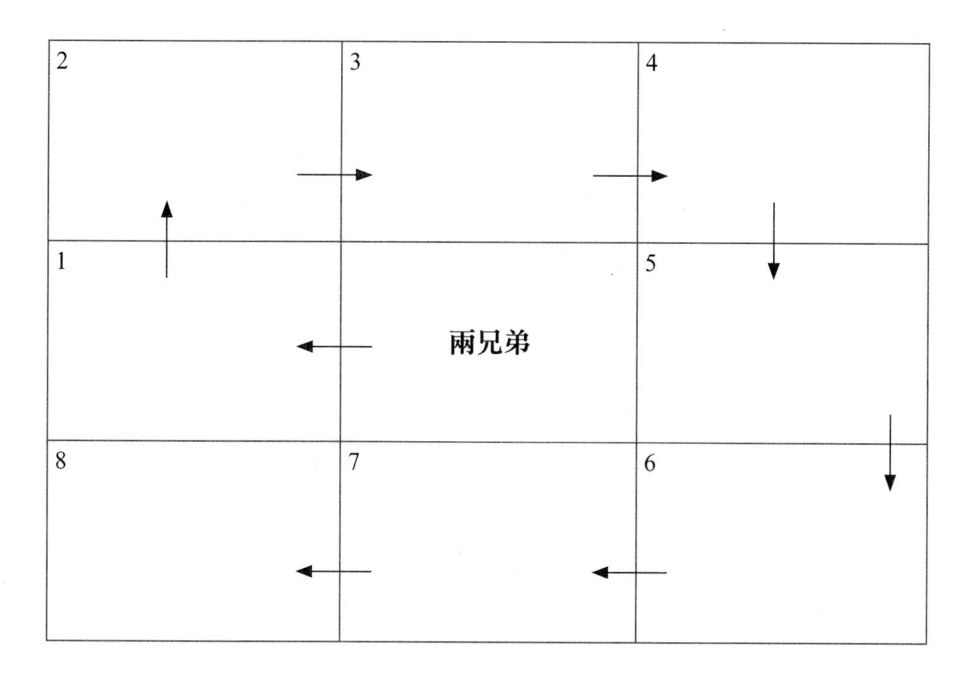

參考結構提供：

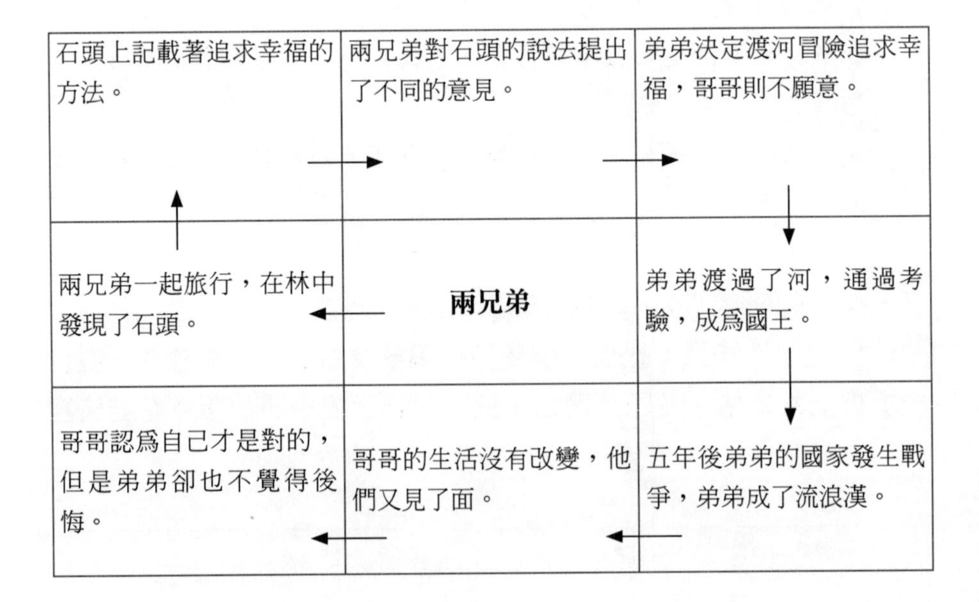

2. 概念性知識：【預測、推論、澄清、結構、摘要】一樣提供一個曼陀羅圖形空白表，或隨意在一張白紙上畫上九宮格，從題目擴散，不用依照順序，將故事內化思維寫出。

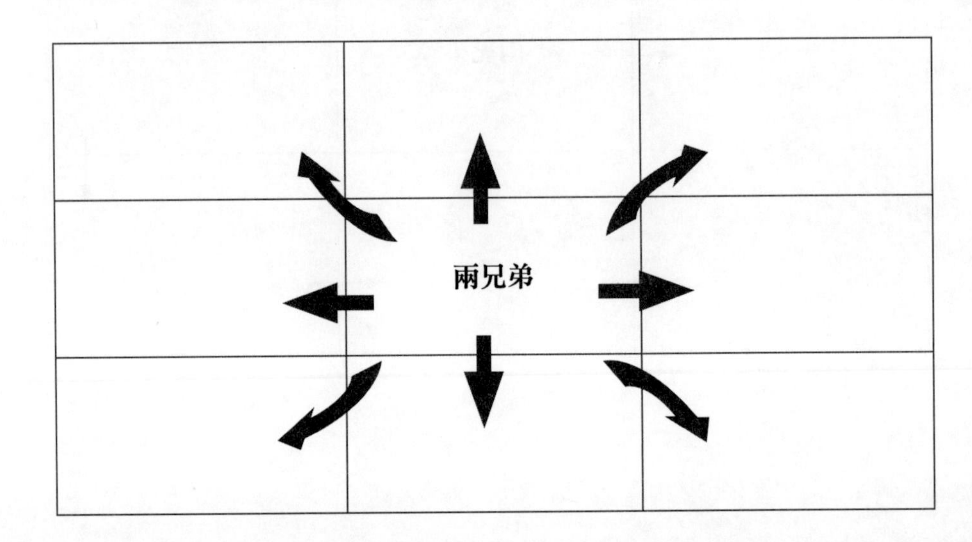

內化思維參考：

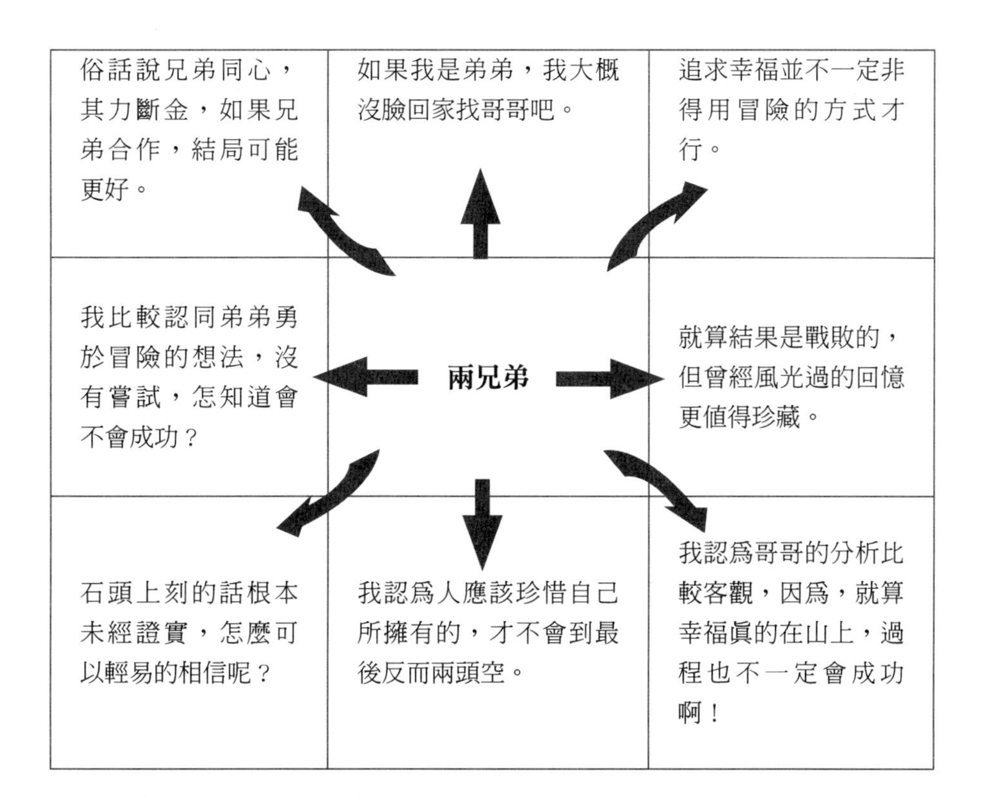
俗話說兄弟同心，其力斷金，如果兄弟合作，結局可能更好。
如果我是弟弟，我大概沒臉回家找哥哥吧。
追求幸福並不一定非得用冒險的方式才行。
我比較認同弟弟勇於冒險的想法，沒有嘗試，怎知道會不會成功？
兩兄弟
就算結果是戰敗的，但曾經風光過的回憶更值得珍藏。
石頭上刻的話根本未經證實，怎麼可以輕易的相信呢？
我認爲人應該珍惜自己所擁有的，才不會到最後反而兩頭空。
我認爲哥哥的分析比較客觀，因爲，就算幸福真的在山上，過程也不一定會成功啊！

故事三、落入坑洞的獵人

一、提供語境：看張獵人圖，猜猜今天我們要說的故事會是哪一種？

二、提供語料：「落入坑洞的獵人」（改編自網路流通故事）

有一群人到山上去打獵，其中一個獵人不小心掉進很深的坑洞裡，他的右手和雙腳都摔斷了，只剩一隻健全的左手。

你認爲獵人爲什麼會掉入坑洞？請說說三個理由。

坑洞非常深，又很陡峭，地面上的人束手無策，只能在地面喊叫。

如果你是地面上的人，你會喊叫些什麼內容？

幸好，坑洞的壁上長了一些草，那個獵人就用左手撐住洞壁，以嘴巴咬草，慢慢慢慢慢慢的往上攀爬。

你能模仿獵人的動作嗎？

你會像獵人一樣爬上來，還是在洞裡等人來救？

地面上的人就著微光，看不清洞裡，也不知道那個獵人究竟狀況如何，只能大聲為他加油。

地面上的人此時會有什麼心情？他們爲什麼要幫獵人加油？

等到看清他身處險境，嘴巴咬著小草攀爬，洞口的人忍不住說了起來：

你認爲他們會說些什麼內容？

「哎呀！像他這樣一定爬不上來！」

「情況真糟，他的手腳都斷了呢！」

「對呀！那些小草根本不可能撐住他的身體。」

你認爲這些議論如何？對獵人有幫助嗎？

「真可惜！他如果摔下去死了，留下龐大的家產就無緣享用了。」

「他的老母親和妻子可怎麼辦才好！」

如果你是獵人，你的內心會有什麼想法？

如果你是旁人，你會說些什麼？

落入坑洞的獵人實在忍無可忍了，他張開嘴大叫：「你們統統都給我閉嘴！」

獵人此時的情緒如何？為什麼會這樣？

你認為接下來會發生什麼事？

就在他張口的剎那，他再度落入坑洞，當他摔到洞底即將死去之前，他聽到洞口的人異口同聲的說：

你認為洞口的人會說些什麼？

「我就說嘛！用嘴爬坑洞，是絕對不可能成功的！」

你會怎麼形容洞口的人？又會怎麼形容獵人？

在我們的人生裡，落入漆黑陡峭的坑洞，是非常不幸的事，更不幸的是，當我們在坑洞裡的時候，別人不但沒有伸手，反而事不關己的議論，我們一點也沒得到慈愛與關懷。

說說你有哪些類似落入坑洞的經驗？

請分別用坑洞裡的人和坑洞口的人兩種角色說說你的想法？

只有在困境中的慈愛與關懷，可以救人；在困境中的議論與批評，只會陷入更深的絕境。因此，在自己面對困境和難關時，不要在意別人的議論，要意志堅強，往上攀爬。而在別人受到挫折和危厄時，我們也不要急著議論，要將心比心，學習別人在逆境中的勇氣。

請以「團隊」為主題，說說你對這篇文章的想法。

三、高層次閱讀訓練：以曼陀羅思維法加以培訓

1. 程序性知識：提供一個曼陀羅圖形空白表，或隨意在一張白紙上畫上九宮格，從題目開始，依箭頭指示依序將故事重點結構寫出。

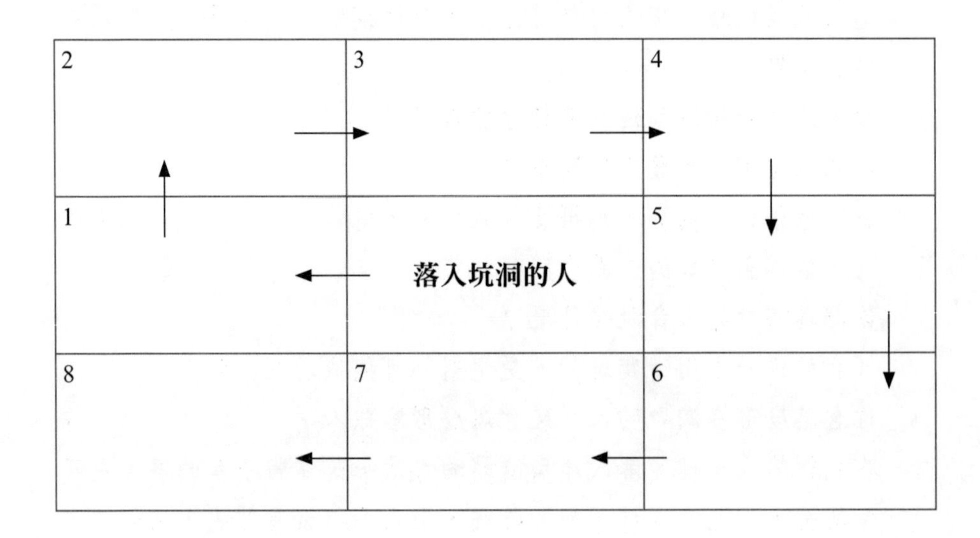

參考結構提供：

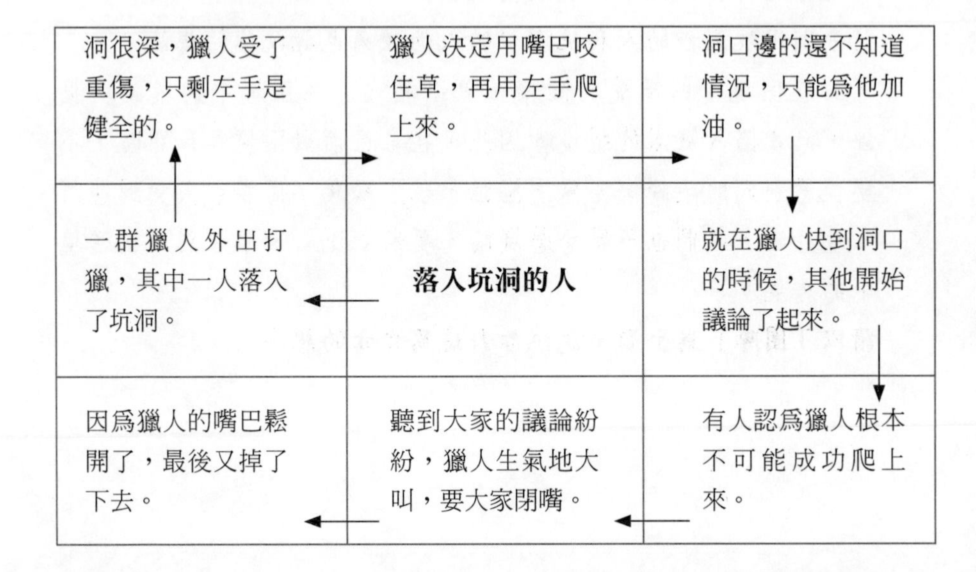

2. 概念性知識：【預測、推論、澄清、結構、摘要】一樣提供一個曼陀羅圖形空白表，或隨意在一張白紙上畫上九宮格，從題目擴散，不用依照順序，將故事內化思維寫出。

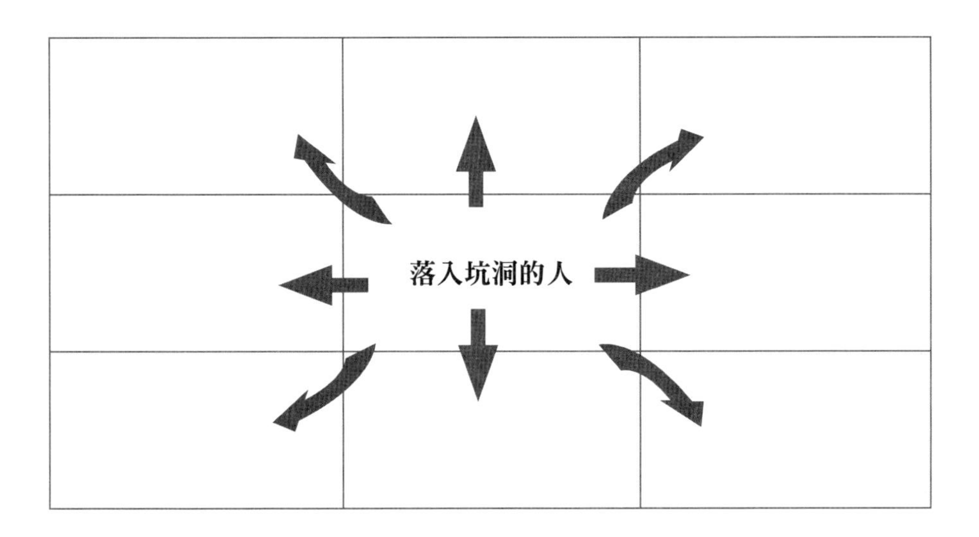

內化思維參考：

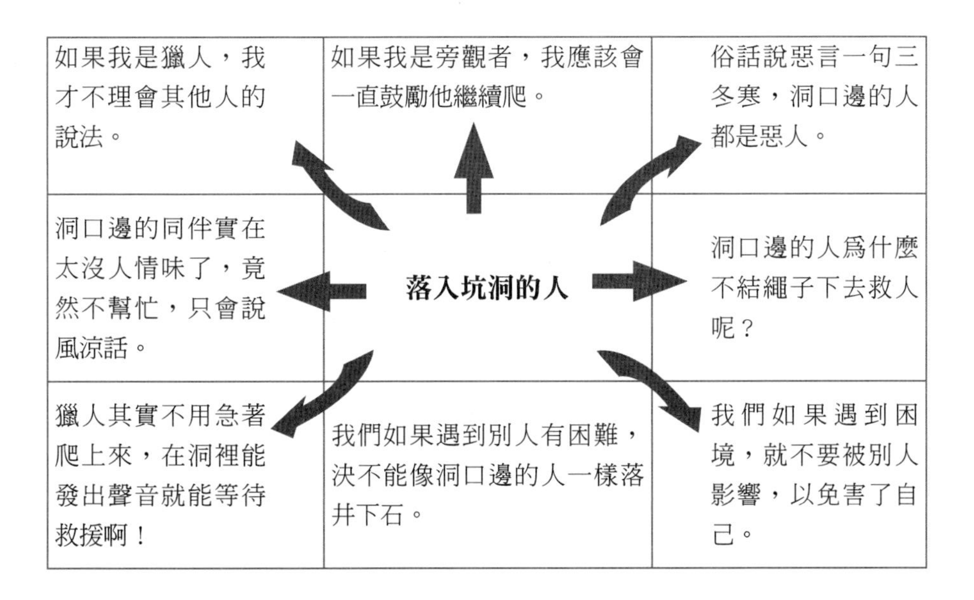

故事四、生命的真諦

一、提供語境：看張學生活動圖，猜猜今天我們要說的故事會是哪一種？

二、提供語料：生命的眞諦（改編自網路流通故事）

有一位富翁，雖然富可敵國，卻一點兒也不快樂，他常常鬱悶地四處向人詢問，「生命的真諦到底是什麼？」

他四處問人，終於有一天，有一個老人告訴他，到村外的樹林裡走走吧！或許找得到答案喔。

你呢？你認爲生命的眞諦是什麼？

就在富翁散步於森林中的時候，突然遇見了一隻飢餓的老虎。老虎大吼一聲就撲了上來，他立刻用生平最大的力氣和最快的速度逃開。但是老虎緊追不捨，他一直跑，一直跑，一直跑，最後被老虎逼入了斷崖邊上。

你認爲富翁會發生什麼事？

站在懸崖邊上，他想：「與其被老虎捉到，活活被咬、肢解，還不如跳下懸崖，說不定還有一線生機。」他縱身跳下懸崖，非常幸運的卡在一棵樹上，那是長在斷崖邊的梅樹，樹上結滿了梅子。

跳入懸崖是因爲絕望還是希望？

正在慶幸的時候，他聽到斷崖深處傳來巨大的吼聲，往崖底望去，原來有一隻兇猛的獅子正抬頭看著他，獅子低沉的吼聲讓他心裡嚇得直發抖，但富翁轉念一想：「反正獅子與老虎是相同的猛獸，被老虎咬還是獅子咬不都一樣嗎？」當他一放下心，又聽見了一陣聲音，仔細一看，一黑一白的兩隻老鼠，正用力地咬著梅樹的樹幹。他先是一陣驚慌，立刻又放心了，他想：「被老鼠咬斷樹幹跌死，總比被獅子咬死好。」

你認爲富翁的運氣怎麼樣？富翁接下來可能會做些什麼？

當他情緒平復下來後，他感到肚子有點餓，看到梅子長得正好，就採了一些吃起來。當他咬下第一口的梅子時，驚訝地發現這輩子竟然從沒吃過那麼好吃的梅子！

那梅子眞的那麼好吃嗎？爲什麼富翁會這麼認爲呢？

他趴在樹枝上休息，上頭有老虎饑渴的目光，下頭有獅子低沉的吼聲，身邊還有兩隻老鼠咬樹枝的沙沙聲，他想著：「既然遲早都要死，不如在死前好好睡上一覺吧！」富翁在樹上沉沉的睡去了。

如果你是富翁，你的做法會和富翁有哪些不同？

睡醒之後，他發現黑白老鼠不見了，老虎、獅子也不見了。他順著樹枝，小心翼翼的攀上懸崖，終於脫離險境。

爲什麼富翁會脫離險境呢？說說你的想法。

原來就在他睡著的時候，飢餓的老虎按捺不住，終於大吼一聲，跳下懸崖。黑白老鼠聽到老虎的吼聲，驚慌逃走了。跳下懸崖的老虎與崖下的獅子，展開激烈的打鬥，雙雙負傷逃走了。

回到村裡，富翁笑了，他說：「我終於知道生命的真諦了！」

你認爲富翁找到的眞諦什麼？

現在讓我們思考一些問題：

你認爲故事中的富翁在生活中像什麼？

你認爲故事中的老虎在生活中像什麼？

你認爲故事中的獅子在生活中像什麼？

你認爲故事中的老鼠在生活中像什麼？

聽完這篇故事，你認爲生命中的眞諦是什麼？

由我們誕生那一刻開始，苦難就像飢餓的老虎一直追趕著我們，死亡就像一頭兇猛的獅子，一直在懸崖的盡頭等待，白天和黑夜的交替，就像黑白老鼠，不停地正用力咬著我們暫時棲身的生活之樹，雖然總有一天我們會落入獅子的口中，但在那之前，我們能做什麼呢？

三、高層次閱讀訓練：以曼陀羅思維法加以培訓

1. 程序性知識：提供一個曼陀羅圖形空白表，或隨意在一張白紙上畫上九宮格，從題目開始，依箭頭指示依序將故事重點結構寫出。

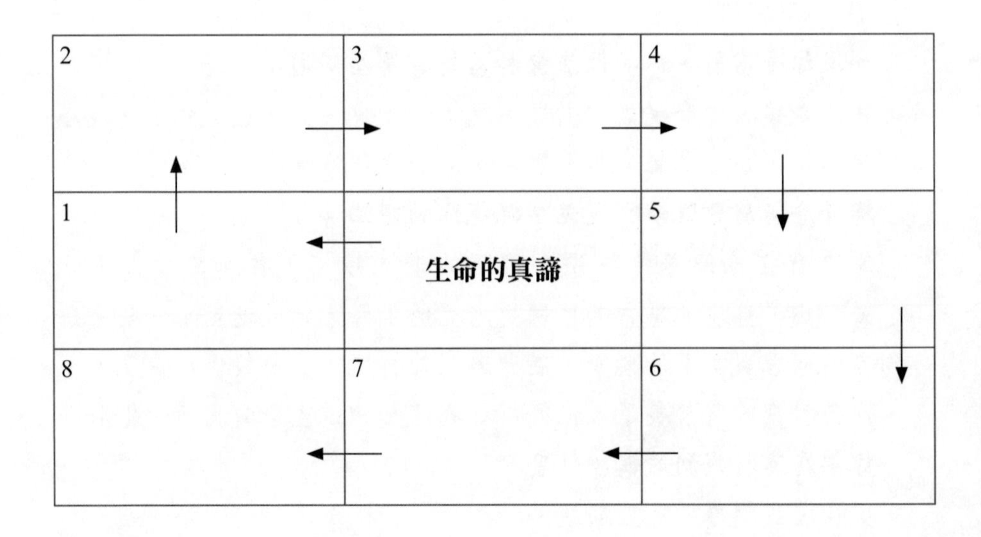

參考結構提供：

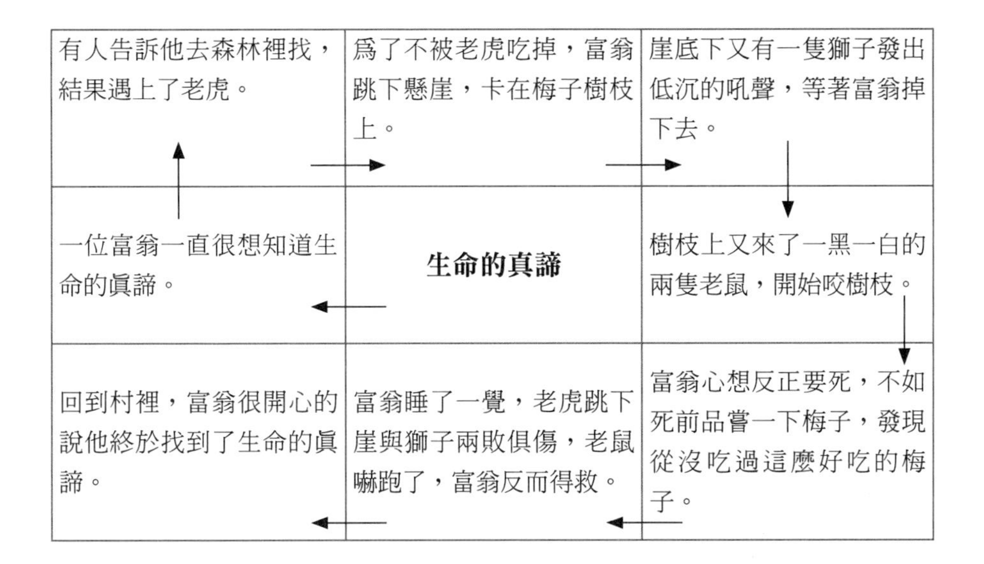

有人告訴他去森林裡找，結果遇上了老虎。	為了不被老虎吃掉，富翁跳下懸崖，卡在梅子樹枝上。	崖底下又有一隻獅子發出低沉的吼聲，等著富翁掉下去。
一位富翁一直很想知道生命的眞諦。	**生命的真諦**	樹枝上又來了一黑一白的兩隻老鼠，開始咬樹枝。
回到村裡，富翁很開心的說他終於找到了生命的眞諦。	富翁睡了一覺，老虎跳下崖與獅子兩敗俱傷，老鼠嚇跑了，富翁反而得救。	富翁心想反正要死，不如死前品嘗一下梅子，發現從沒吃過這麼好吃的梅子。

2. 概念性知識：【預測、推論、澄清、結構、摘要】一樣提供一個曼陀羅圖形空白表，或隨意在一張白紙上畫上九宮格，從題目擴散，不用依照順序，將故事內化思維寫出。

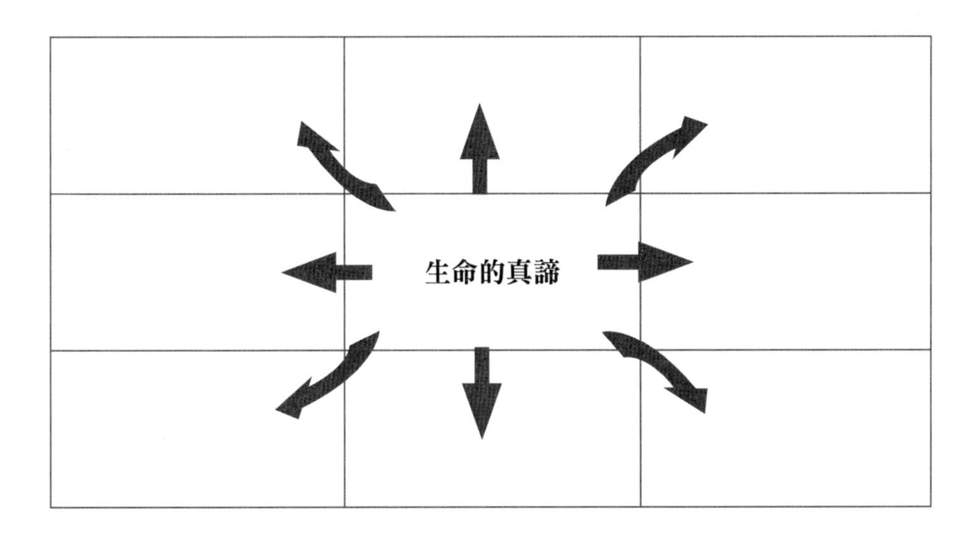

內化思維參考：

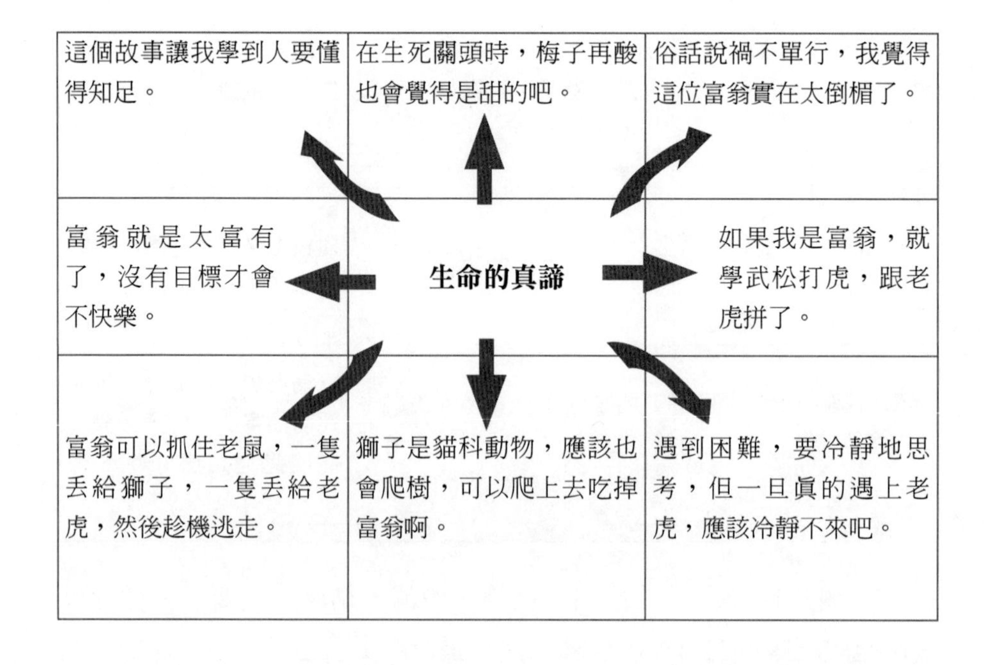

這個故事讓我學到人要懂得知足。
在生死關頭時，梅子再酸也會覺得是甜的吧。
俗話說禍不單行，我覺得這位富翁實在太倒楣了。
富翁就是太富有了，沒有目標才會不快樂。
生命的真諦
如果我是富翁，就學武松打虎，跟老虎拼了。
富翁可以抓住老鼠，一隻丟給獅子，一隻丟給老虎，然後趁機逃走。
獅子是貓科動物，應該也會爬樹，可以爬上去吃掉富翁啊。
遇到困難，要冷靜地思考，但一旦真的遇上老虎，應該冷靜不來吧。

國家圖書館出版品預行編目資料

兒童哲學／梁瑞祥等著. ——初版. ——臺北市：五南, 2012.03

面； 公分

ISBN 978-957-11-6567-7（平裝）

1.兒童學

523.1 101000738

1BAD

兒童哲學

作　　者— 梁瑞祥　傅皓政　蒲世豪　葉榮福
邱武科　徐昀霖

發 行 人— 楊榮川

總 編 輯— 王翠華

責任編輯— 陳姿穎

封面設計— 童安安

出 版 者— 五南圖書出版股份有限公司

地　　址：106台北市大安區和平東路二段339號4樓

電　　話：(02)2705-5066　　傳　　真：(02)2706-6100

網　　址：http://www.wunan.com.tw

電子郵件：wunan@wunan.com.tw

劃撥帳號：01068953

戶　　名：五南圖書出版股份有限公司

台中市駐區辦公室/台中市中區中山路6號

電　　話：(04)2223-0891　　傳　　真：(04)2223-3549

高雄市駐區辦公室/高雄市新興區中山一路290號

電　　話：(07)2358-702　　傳　　真：(07)2350-236

法律顧問　元貞聯合法律事務所　張澤平律師

出版日期　2012年3月初版一刷

定　　價　新臺幣350元

凝煉知識品味閱讀